L'AFFAIRE NARUMI

Willy Graff

L'AFFAIRE NARUMI

Un crime sans corps

Les Presses de la Cité

92, avenue de France – 75013 Paris
ISBN 978-2-258-20882-7
Dépôt légal : juin 2025

Prologue

En ce début d'année 2025, le campus de Besançon fourmille d'étudiants pleins d'entrain, qui déambulent dans ses allées d'un pas pressé. Autour de la résidence universitaire Théodore-Rousseau, en revanche, règne un calme inhabituel. En chantier depuis de longs mois, le bâtiment est réduit à l'état de coquille vide et sans âme.

De part et d'autre de ses couloirs désertés, les chambres en rénovation se succèdent, nues, étriquées, identiques, réparties selon une symétrie parfaite.

À une exception près.

Au premier étage, une anomalie perturbe la régularité de cet alignement : l'ouverture escomptée entre les chambres 105 et 107 n'existe pas, remplacée par une ombre. Il faut s'approcher pour distinguer la plaque de bois fixée au mur, fondue dans une même teinte beige. Personne ne peut deviner l'existence, derrière ce panneau, d'une porte close.

Une porte qui donne sur un monde oublié, celui de Narumi Kurosaki.

Huit ans plus tôt, la chambre qu'occupait l'étudiante japonaise a été arrachée au cycle de la vie. L'intérieur est intact. Vêtements, chaussures, bijoux, produits de beauté, cahiers, lunettes de soleil, documents administratifs, sac à main, tout est encore en place, sous la poussière, piégé dans une vertigineuse bulle spatio-temporelle. La justice se montre intraitable :

placé sous scellés judiciaires, cet espace de néant flottera aussi longtemps que nécessaire dans une dimension parallèle, hors de portée de quiconque.

Cet amas d'affaires personnelles, si précieuses aux yeux de sa famille, prouve à ceux qui ne l'ont jamais su qu'ici vivait une jeune femme de chair et d'os. Ces objets sont des reliques. Car que reste-t-il d'autre de Narumi ?

Cette chambre invisible est un tombeau hanté par son fantôme, hanté par ses cris, hanté par un crime.

Narumi hante aussi l'imaginaire de tous ceux qui s'intéressent à son destin, et j'en fais partie. Elle a accompagné ma carrière de journaliste de façon obsessionnelle. C'est le propre des homicides sans corps. Ces funestes énigmes défient notre rationalité primaire et fascinent autant qu'elles dérangent.

Même sans certitude, il faut pourtant avancer, enquêter, comprendre, et si possible juger. Le défi est de taille.

L'histoire de Narumi résonne au-delà des frontières, en Europe, en Asie et en Amérique du Sud, trois continents liés par une même indignation croissante lorsqu'il s'agit d'aborder les violences faites aux femmes. Universelle, cette affaire se nourrit de plusieurs cultures, pour le meilleur comme pour le pire. Complexe, elle lève le voile sur tout ce que peut offrir l'humanité, du plus beau au plus sordide.

Où est Narumi Kurosaki ?

L'écho de cette lancinante question se perd dans le vide. Se pencher sur le sort de cette étudiante souriante et solaire, à qui tout semblait réussir, est aussi un exercice d'humilité : parfois, il faut accepter de ne pas tout savoir…

Si elles existent encore, les réponses dorment dans cette chambre maudite, oubliée de tous.

I

La disparition

1

Ce vendredi 26 août 2016, l'avenir lui appartient.

Narumi Kurosaki, 21 ans, vient d'atterrir à l'aéroport Roissy-Charles-de-Gaulle, point de départ d'une nouvelle vie de découvertes, de rencontres et d'émancipation. Aux anges, l'étudiante japonaise participe avec cinq autres camarades à un programme d'échange réservé aux cerveaux les plus prometteurs de l'université de Tsukuba, située au nord-est de Tokyo. Ce voyage en Europe était pour elle un rêve de jeune fille.

Le petit groupe ne s'attarde pas à Paris : la suite de l'aventure doit s'écrire à Besançon, en Franche-Comté. Sur les berges du Doubs, la rivière qui enserre d'une boucle le centre historique de la ville, se dresse le Centre de linguistique appliquée (CLA). Ce fleuron de l'apprentissage des langues étrangères reçoit chaque année des milliers de stagiaires et d'étudiants, qui pour certains accourent des quatre coins de la planète.

Vu du Japon, Besançon, avec ses cent vingt mille habitants, n'est pas une destination anecdotique. L'impératrice Masako y avait fait une brève escale pour ses études en 1989, bien avant que son destin ne bascule vers l'absolue notoriété. Mariée à Naruhito, qui deviendra empereur en 2019 à la suite de son père Akihito, cette fille de haut diplomate a su conquérir le cœur du pays du Soleil-Levant. À l'image des Windsor en Grande-Bretagne, tout ce qui touche à la famille impériale est scruté, souvent respecté et parfois même sacralisé. Besançon n'est qu'une poussière d'étoile, minuscule, au sein de la légende tressée autour de Masako et Naruhito, mais dans la mémoire collective du Japon le nom de cette ville n'est pas inconnu.

C'est donc dans les pas de la célèbre impératrice que près de trente ans plus tard, portée par un enthousiasme débordant, Narumi Kurosaki entame son séjour bisontin.

La jeune femme fait forte impression. L'une de ses professeures de français au CLA, Nicole Poirie, la présente comme « la plus brillante des étudiants japonais » de sa classe. Selon l'enseignante, Narumi est une personne « très impliquée, qui aide les autres et qui est rarement absente ». Vocabulaire, grammaire, conjugaison, ses progrès sont rapides. Narumi sait qu'elle n'a pas de temps à perdre. Son objectif ? Acquérir en quatre mois les bases linguistiques nécessaires pour effectuer, dès janvier, un second semestre en économie. Toujours à Besançon.

Son université lui accorde une bourse au mérite importante, qu'elle reverse en partie à sa famille. Issue d'un milieu très modeste, Narumi Kurosaki joue son avenir et celui des siens. Elle est en mission.

L'étudiante tombe aussitôt sous le charme de Besançon et de son vieux centre-ville de pierres blanches. Ses terrasses, ses boutiques, ses parcs, ses placettes, tout l'enchante. Narumi aime arpenter ces petites rues surplombées par la citadelle de Vauban, fierté locale classée au patrimoine mondial de l'Unesco.

Soucieuse de s'imprégner de la vie à la française bien au-delà des salles de classe, la jeune fille élargit rapidement son cercle de nouveaux amis, s'autorise quelques sorties festives dans les bars, s'essaie à la zumba, puis intègre une troupe de danse, avec l'ambition de participer à un spectacle en fin d'année.

Socialement, Besançon est pour Narumi un terrain de jeu

stimulant. Cette ville porte en elle mille et une promesses de libertés nouvelles.

L'acclimatation de la jeune et jolie Japonaise est facile, son épanouissement évident… Un bonheur démultiplié par sa rencontre avec Arthur.

2

Narumi Kurosaki a quitté le Japon avec des objectifs bien précis en tête, progresser à grande vitesse en français, assouvir sa curiosité naturelle pour le mode de vie européen et, surtout, s'ouvrir à de nouveaux horizons professionnels. Tomber amoureuse ne faisait pas partie de ses plans.

Arthur del Piccolo, 21 ans lui aussi, a tout pour plaire. Hasard troublant, cet étudiant franco-vietnamien au nom à consonance italienne revient justement d'une année au Japon, passée sur le campus universitaire de… Tsukuba. Le même que Narumi. Tous deux s'y sont côtoyés sans le savoir.

C'est loin de Tokyo que leurs regards se croisent enfin. Dans la petite communauté étudiante de Besançon, où Arthur del Piccolo suit le cursus d'une école d'ingénieurs, les occasions de se voir, de se parler, de se sourire, se multiplient jour après jour. Le jeune homme sait écouter Narumi, y compris lorsqu'un soir, en pleurs à la laverie du campus, elle se confie sur ses déboires sentimentaux. La Japonaise est engagée avec un garçon resté à Tsukuba, mais leur couple s'émiette, miné par la distance. Arthur a lui aussi connu ses premières désillusions amoureuses. Ces deux-là se comprennent. Ces deux-là apprennent à s'aimer.

Un mois après leur rencontre, Arthur fait le premier pas… Narumi n'attendait que cela. Elle finit par rompre avec son lointain petit copain, dont elle parle peu, pour vivre sans retenue cette nouvelle romance.

Leur idylle, sincère, a la fraîcheur et l'intensité des premiers amours. Sur le compte Facebook de Narumi, des photos immortalisent de joyeux moments partagés lors de leurs échappées communes à Bruxelles ou dans le massif jurassien, à quelques encablures de Besançon. Partout, les sourires de la Japonaise éclairent l'écran.

Arthur n'est pas le seul à être sensible au charme de Narumi. La jeune étudiante est approchée, abordée, parfois draguée par d'autres garçons. Avenante, elle aime discuter, plaisanter ou converser par messages, mais ne franchit pas la ligne rouge. « Narumi n'est pas du genre à avoir deux petits amis en même temps », assure son amie Miharu.

Le seul qui lui plaît vraiment, c'est Arthur.

Les projets à deux fleurissent. Privée des siens pour Noël, Narumi s'apprête à passer les fêtes avec la famille d'Arthur, installée dans le sud de la France. Le couple a aussi programmé un séjour au ski. Tout va vite, tout va bien. Et par avance, Narumi se plaît à imaginer la rencontre avec sa mère et ses sœurs, qui ont prévu un voyage à Besançon au printemps prochain.

Ce samedi 3 décembre 2016, le soleil abdique face au froid cinglant. Narumi et Arthur n'ont pas cours. Sous un ciel bleu laiteux, tous deux se promènent main dans la main au centre-ville, déjeunent dans un restaurant thaï, puis flânent entre les chalets en bois du marché de Noël, tout juste installés. De retour sur le campus, le couple passe sa soirée dans la chambre d'Arthur. Les deux étudiants regardent le film *Taken*, qui évoque des faits d'enlèvement et de séquestration, puis s'endorment l'un contre l'autre.

Narumi Kurosaki est une lève-tôt. Le lendemain matin, pressée, elle file se préparer pour son cours de danse. Le show de fin d'année approche, hors de question de le bâcler. Narumi échange quelques mots doux par SMS avec Arthur – *Tu es la meilleure, je t'aime*, lui écrit son chéri – puis arrive à sa répétition avec le sourire. La séance est intense. « À l'aise », la jeune fille « danse mieux que d'habitude », remarque sa professeure.

Il est 16 heures. Une camarade de danse la dépose en chemin. Elle se souviendra avoir vu Narumi s'éloigner d'un pas tranquille, manteau sombre sur le dos, écharpe noire autour du cou, écouteurs dans les oreilles, un sac en plastique à la main. La Japonaise fait un crochet par le hall du bâtiment Stendhal, pour déposer un bisou sur les lèvres d'Arthur, puis fonce vers sa résidence.

Narumi Kurosaki est sur un petit nuage. Onze heures plus tard, son séjour en France va virer au cauchemar.

3

Lundi 5 décembre, vers 3 h 20, campus universitaire de Besançon. La résidence Théodore-Rousseau est plongée dans l'obscurité, figée dans un épais brouillard hivernal. Dehors, le givre saisit le moindre brin d'herbe.

Ce bloc de silence vole en éclats, brisé par des cris puissants, aigus et répétés.

Chambre 102, premier étage. Rachel se réveille en sursaut, tétanisée par ces hurlements stridents. La peur noie l'esprit de cette étudiante britannique, comme un barrage qui céderait sous la pression de l'eau. Rachel se lève pour s'approcher de sa porte, hésite, allume puis éteint la lumière de son studio. Elle veut sortir, n'ose pas. Ses doigts tapotent frénétiquement l'écran de son téléphone.

On dirait que quelqu'un est en train de se faire assassiner, écrit-elle à son amie.

Un autre SMS part : *J'ai peur, mon cœur s'emballe.*

Rachel n'est pas la seule à trembler. Dans ce bâtiment de quatre étages, une douzaine d'étudiants ouvrent un œil, puis deux, surpris par l'intensité de ces cris, qui rebondissent sur les murs jusqu'à occuper tout l'espace. La séquence s'éternise entre cinq et dix minutes. Si tous s'accordent à dire que ces hurlements entrecoupés de moments de silence sont ceux d'une femme en détresse, aucun n'est capable d'en situer l'origine exacte. Cage d'escalier ? Rez-de-chaussée ? Premier, deuxième, troisième étage ?

Chambre 133, Anne-Laure reste pétrifiée sous sa couette, incapable de se lever pour atteindre son smartphone. Elle entend des *boum !* troublants, « comme si on poussait quelqu'un contre les murs ou les meubles ». Une pensée sinistre la gagne : ces longues plaintes, répétitives, semblent tout droit « sortir d'un film d'horreur », rapporte-t-elle. Chambre 132, Adrien entend lui aussi « ces hurlements de terreur, comme des cris de panique, d'angoisse ». L'étudiant distingue même « un râle, un grognement, qui [lui] glace le sang, comme un dernier souffle ». Malgré son physique de rugbyman, il n'ose pas sortir dans le couloir et n'appelle personne à l'aide. À quoi bon ? Ça ne peut pas être si grave, tente-t-il de se raisonner.

À l'inverse de ses voisins, Nabil, chambre 135, trouve le courage d'explorer les environs. Ces « longs cris de terreur » mettent pourtant ses nerfs à rude épreuve. « On pourrait casser le bras d'une personne, qu'elle ne hurlerait pas comme ça », résumera-t-il.

L'étudiant rejoint le studio d'Armand, un ami logé au troisième étage. Inquiets, tous deux jettent des regards à travers la fenêtre donnant sur l'arrière de la résidence. Un passage piéton bétonné y jouxte une pelouse bordée d'un bosquet. Dans la nuit noire, aucun mouvement, personne en vue.

Nabil, sans le savoir, formulera la même hypothèse macabre que Rachel : « Ça m'a fait penser à un film dans lequel une femme se fait assassiner… » Mais dans la vraie vie, loin des écrans ou des salles de cinéma, de telles scènes sont inimaginables. Plus probable, plus rassurante, une autre idée lui vient : ne s'agirait-il pas d'un simple cauchemar ?

Dans les couloirs déserts de la résidence, le silence a définitivement repris ses droits. Entre inquiétude et confusion, les étudiants perturbés dans leur sommeil retournent se coucher. Certains ne parviennent pas à fermer l'œil avant l'aube.

Un pâle soleil se lève sur les onze hectares du campus. L'écho des hurlements s'est dissipé, tel un mauvais rêve dilué par les premières lueurs du jour. À l'approche des fêtes de Noël, à Besançon, la vie estudiantine reprend son cours comme si de rien n'était. À un détail près.

Au Centre de linguistique appliquée, une chaise de classe reste vide.

4

Immobile avec ses bagages sur le parvis de la gare de Besançon, Hiroki est inquiet. Il a beau regarder de tous les côtés, Narumi Kurosaki ne se montre pas.

Depuis son atterrissage matinal à Paris, ce mercredi 7 décembre 2016, impossible pour le meilleur ami de la Japonaise de la contacter. La situation est déconcertante. Narumi l'attendait avec tant d'impatience qu'elle en avait parlé à tout son entourage. Elle n'a pas pu oublier cette visite, soigneusement notée dans son agenda de bureau.

Hiroki devait séjourner trois jours à Besançon. Il finit par revoir ses plans, loue à la volée une chambre d'hôtel puis poursuit son périple européen en Espagne, profondément perturbé par cette étrangeté.

Qu'est-il arrivé à son amie ?

Cette même question se propage dans les salles de cours du CLA, où l'absence de Narumi ne passe pas inaperçue. Voilà qui n'est pas dans ses habitudes. Au fil des heures, ce constat suscite l'incompréhension de ses camarades de classe et d'Arthur, son petit copain. Dans les jours qui suivent, les proches de Narumi reçoivent de curieux messages, incohérents sur la forme comme sur le fond. Le flou qui s'installe est pesant.

Interrogée via Facebook par quelques camarades francophones, Narumi justifie son absence par un problème de passeport endommagé, qu'elle compte résoudre en se rendant à Lyon. Où qu'elle soit, la jeune Nippone ignore en revanche les messages envoyés par ses compatriotes, écrits en japonais.

Engoncés dans leurs manteaux, les étudiants venus de Tsukuba avec elle attendent tous les soirs devant la chambre 106, assis à même le sol, espérant voir leur amie apparaître au bout du couloir. Ce sont eux qui, les premiers, pressentent le pire.

Une semaine s'écoule sans que quiconque aperçoive Narumi Kurosaki. Son téléphone semble éteint depuis le soir du 5 décembre et aucune nouvelle publication n'apparaît sur son compte Facebook. Fait troublant, les étudiants japonais ne dépendent aucunement du consulat de Lyon, mais de celui de Strasbourg. Un camarade de la disparue, Shintaro, se renseigne : personne, dans aucun de ces consulats, ne se souvient du passage d'une dénommée Kurosaki.

Le malaise s'épaissit.

Le soir du samedi 10 décembre, Shintaro et Miharu prient le personnel du Crous de les aider. Sensible à leur angoisse, un agent de permanence accepte d'utiliser un passe pour déverrouiller la chambre 106. Les deux compatriotes de Narumi y jettent un bref coup d'œil. Toutes les affaires de leur amie paraissent en place, malgré l'absence de sa valise et de couverture sur le lit. Une assiette mal lavée traîne sur le plan de travail, tout comme une trousse de maquillage. « Si Narumi devait partir en voyage, elle aurait fait la vaisselle et pris son maquillage », relève Miharu.

Contactée par téléphone, la police invite les deux étudiants à se rendre sans délai au commissariat pour procéder à un signalement. Ce samedi soir, seules quelques fenêtres du bâtiment demeurent éclairées. Les services tournent au ralenti. Sans interprète, les deux Japonais peinent à se faire comprendre et personne, alors, ne prend la mesure du drame tapi derrière leurs explications balbutiantes.

Un premier train passe, la police le manque.

5

Tout s'accélère deux jours plus tard, le lundi 12 décembre 2016, quand une professeure du CLA finit par alerter sa hiérarchie. Un énième message est envoyé à Narumi Kurosaki, l'exhortant à contacter la faculté. Une réponse une nouvelle fois incohérente fuse – *Merci de t'en soucier* –, ponctuée d'un smiley souriant. Trop décalé pour rassurer.

Certains de ses amis en sont persuadés, une main malveillante manipule les messageries de Narumi. De la France au Japon, l'angoisse se propage, contagieuse : à Tokyo, les sœurs et la mère de Narumi sont animées d'un mauvais pressentiment.

Arthur del Piccolo est à son tour gagné par une inquiétude fébrile. Le mardi 13 décembre, le petit ami de la disparue implore une gardienne de rouvrir la chambre 106. Il n'y reste qu'une poignée de secondes, suffisantes pour renforcer ses craintes. L'unique blouson d'hiver de Narumi est accroché à la penderie, tout comme son écharpe préférée… Dehors, la température avoisine zéro degré.

Rien ne semble logique. Jamais Narumi ne serait partie sans ses affaires.

Au commissariat, l'enquête démarre enfin. Le responsable administratif de l'université de Franche-Comté remplit un formulaire imprimé intitulé « Disparition inquiétante de majeur ». Sur trois pages, son écriture en pattes de mouche révèle à la police quelques éléments de contexte. Narumi était-elle dépressive, suicidaire ? *Selon ses amis, non, mais il s'agit de suppositions, nous n'en sommes pas certains*, précise l'agent de la faculté.

Une copie de la carte d'identité de Narumi Kurosaki est jointe à la procédure. Sur sa photo, la jeune femme apparaît sereine. Sur ses lèvres se dessine même un imperceptible sourire, digne d'une Joconde aux traits asiatiques.

L'engrenage policier se met en route. Arthur et Shintaro, le plus proche de ses camarades de Tsukuba, sont convoqués pour être auditionnés.

Dans la foulée, le jeudi 15 décembre, une première patrouille est envoyée sur le campus pour procéder aux constatations d'usage dans le studio de la disparue.

Dans ces neuf mètres carrés, le temps est suspendu. L'agencement des lieux est minimaliste : un court couloir d'entrée, une penderie et une minuscule salle de bains sur la gauche, une étagère côté droit, puis un espace qui peine à accueillir le lit et un bureau, chacun collé contre un mur. Au fond de la pièce, une fenêtre ouvre sur l'arrière de la résidence, verdoyant mais peu fréquenté.

Les policiers découvrent ce qui leur avait été décrit : un logement intact. Habituellement posé sur l'étroit plan de travail, l'ordinateur de Narumi est rangé dans une pochette. Œufs, pain, yaourts, vinaigrette, oignons, oranges, le frigo de l'étudiante est bien garni. Son portefeuille est là, tout comme 565 euros en liquide, deux cartes bancaires, sa brosse à dents, ses affaires de toilette, son blouson, ses habits, ses chaussures, son sac à main… Rien ne paraît manquer, hormis son téléphone portable, son passeport, sa grosse valise orange, une couverture et un drap.

Un travail de fourmi débute. Vêtus de gants, les policiers placent des dizaines d'objets sous scellés. Le moindre détail, le moindre espace est pris en photo et mesuré au millimètre près. Des prélèvements biologiques sont effectués, sept pour la seule salle de bains. Murs, sol, plafond, mobilier, tout est passé au Bluestar, un produit capable de révéler d'éventuelles traces de sang, même si celles-ci ont été nettoyées au préalable. Peine perdue, son utilisation ne révèle rien de probant.

Une fois ces premières missions accomplies, les policiers referment derrière eux. Il est 0 h 15. À l'aide d'un épais scotch rouge, ils fixent sur le bois de la porte des scellés judiciaires sur lesquels est inscrit *Ne pas ouvrir*. Sur le morceau de carton, à la hauteur de la mention *Nature de l'infraction*, deux mots plongent ce banal couloir dans une autre dimension… *Enlèvement Séquestration*.

Ce soir-là, la chambre 106 se transforme en sarcophage dépourvu de cadavre. Personne ne peut alors l'imaginer, mais ce studio rempli des affaires intimes de Narumi ne sera pas rendu de sitôt au monde des vivants.

Dix jours après la nuit des cris, la vice-procureure de la République de Besançon, Christine de Curraize, confie l'affaire à la police judiciaire de Besançon, spécialisée dans les crimes complexes.

La magistrate et les enquêteurs sont déjà animés d'une même conviction : il est arrivé quelque chose de grave à Narumi Kurosaki.

6

Le service de police judiciaire de Besançon est un univers à part, hermétique et confidentiel, aménagé au quatrième et dernier étage du commissariat. L'austérité grisâtre de ce bâtiment, constitué de blocs de béton défraîchis, tranche avec le charme bucolique du parc arboré de la Gare-d'Eau qui l'entoure. La vingtaine d'enquêteurs qui travaillent à la PJ sont tous liés par une culture commune, celle de l'investigation, et par une règle d'or : la discrétion.

David Borne, 35 ans, est le dernier arrivé dans l'équipe et n'a, jusqu'alors, jamais travaillé sur un quelconque homicide. L'affaire Narumi va bouleverser sa carrière.

Le soir du jeudi 15 décembre 2016, Borne partage une bière avec son collègue de permanence, quand ce dernier reçoit un appel de la vice-procureure Christine de Curraize. Quelques heures plus tôt, le cadavre d'une jeune femme nue, défigurée et lacérée de vingt-six coups de couteau, a été découvert par un bûcheron dans un bois du Frasnois, à quatre-vingts kilomètres de Besançon. Elle n'a pas pu être identifiée. La vice-procureure craint qu'il ne s'agisse de Narumi Kurosaki.

David Borne et son acolyte sont sommés de filer aussitôt sur le campus, où des collègues d'un autre service venaient de lancer de premières investigations. La découverte de la victime martyrisée change la donne : c'est à la PJ de reprendre la main, comme toujours lorsque l'enquête devient délicate.

Sur place, la situation apparaît confuse. Que s'est-il passé dans cette chambre ? Est-ce une scène de crime ? Dans le doute, une consigne prévaut : « Ne rien laisser au hasard », résumera David Borne.

Par automatisme, l'intérêt des policiers converge vers un premier suspect. Arthur del Piccolo.

Les statistiques parlent d'elles-mêmes. La plupart des meurtres de femmes sont commis par un membre de leur premier cercle, notamment le conjoint ou l'ex-conjoint. En 2023, la France déplorait quatre-vingt-seize victimes de féminicides[1], soit une femme tuée tous les quatre jours en moyenne.

Concernant Arthur, le mobile potentiel saute aux yeux. Narumi l'a trompé, l'a quitté, il ne l'aura pas supporté... Dans l'esprit des enquêteurs se dessinent les contours d'une nouvelle affaire – tristement banale – de violences conjugales.

Tandis que la chambre de la disparue est passée au peigne fin, Arthur piétine dans le couloir, avide d'en apprendre davantage sur les investigations en cours. Sa présence spontanée renforce les suspicions. Un débat s'engage parmi les policiers : faut-il le placer en garde à vue afin de le soumettre à un interrogatoire musclé, ou au contraire temporiser et continuer de l'observer ? Les avis sont très partagés.

De son côté, David Borne garde la tête froide. Une lucidité qui fait sa force : « À cet instant, on n'a aucun élément matériel, et le fait qu'Arthur se soit fait larguer par Narumi nous paraît léger... On décide plutôt d'exploiter son téléphone portable, de saisir son ordinateur et de le placer sur écoute. » À l'affût d'une faute ou d'une révélation.

Auditionné à plusieurs reprises au commissariat, Arthur del Piccolo fait preuve d'un déconcertant sang-froid. « Son

1. Source : ministère de l'Intérieur.

discours nous apparaît trop lisse, trop préparé, trop précis », s'étonnera David Borne. Lors d'une première convocation, le petit ami remet à la police un document peu commun, résultat d'une véritable contre-enquête qu'il explique avoir menée en collaboration avec les amis japonais de Narumi. Jour par jour, heure par heure, Arthur y a consigné le récent emploi du temps de son amoureuse, ses messages et leurs incohérences, ainsi que les agissements des proches ou simples connaissances de Narumi.

Ses craintes sont-elles sincères, ou joue-t-il un rôle ? Fait-il mine de s'impliquer dans les recherches pour mieux masquer sa culpabilité ? Arthur est un garçon intelligent, et les enquêteurs n'excluent pas ce scénario, classique en matière criminelle. « Il nous parle aussi d'un ex-petit ami chilien et de détails invérifiables sur le moment. On a l'impression qu'il nous pousse à aller enquêter sur lui… » mentionnera David Borne. Cette injonction perturbe les policiers.

Les prélèvements scientifiques effectués dans le studio d'Arthur, eux, ne révèlent aucun indice. Ses déplacements, son comportement et ses déclarations avant et après la disparition de Narumi sont vérifiés, recoupés, décortiqués, décryptés. Les alibis du compagnon de Narumi sont jugés crédibles. Son inquiétude est réelle. Aucun fil à tirer ne dépasse de la pelote de laine.

Très vite, les policiers se rendent à l'évidence : la piste del Piccolo est une impasse.

7

L'ADN du corps supplicié découvert dans le Jura ne matche pas avec celui de Narumi Kurosaki. Le soulagement est évident, mais la question demeure, aussi brûlante qu'une plaie ouverte : où est l'étudiante japonaise ?

Le commandant Régis Millet, patron de la PJ de Besançon, bat le rappel : l'ensemble de ses effectifs est mobilisé sur les traces de Narumi. En cas de disparition inquiétante, la règle est cruelle mais implacable : chaque minute, chaque heure, chaque journée écoulée rapproche la police d'un échec.

Où chercher, quand on veut retrouver une ombre ?

Le quatrième étage du commissariat devient une ruche, où crépitent les claviers et surchauffent les imprimantes. Le temps presse. Il faut récupérer le maximum d'images de vidéosurveillance des caméras avant leur suppression, leurs délais de sauvegarde étant limités. Enchaîner à grande vitesse les actes d'enquête, ceux d'initiative comme ceux exigés par le parquet de Besançon. Organiser et mener les auditions de témoins – amis de Narumi, étudiants de sa résidence, personnel du Crous, enseignants du CLA... – et consigner sur procès-verbal chaque détail de ces entretiens... Parfois, le diable s'y niche.

La clé pour localiser Narumi se dissimule peut-être dans le repli d'une anecdote ou d'un commentaire, a priori anodin, que livrerait l'une des personnes interrogées. Il faut solliciter leurs cerveaux à chaud avant que leurs mémoires ne s'essoufflent. Et avant que leur spontanéité ne soit polluée par leurs propres doutes, leurs réflexions, leurs craintes, ou par ce qu'ils entendront bientôt dans les médias.

En somme, tout faire vite et bien.

La porte vers Arthur del Piccolo se referme, une autre s'ouvre aussitôt. L'opérateur Free vient de fournir de premières données essentielles, qui permettent de géolocaliser via son téléphone les derniers déplacements connus de Narumi. Bien que le portable se soit évaporé dans la nature avec sa propriétaire, les policiers font parler sa ligne.

Le principe est simple : le smartphone de la Japonaise a déclenché au gré de ses mouvements certains relais téléphoniques, lesquels couvrent des zones plus ou moins vastes selon la nature du secteur, urbain ou rural. C'est ainsi qu'est reconstitué l'itinéraire approximatif de l'étudiante après son cours de danse, la veille de sa disparition.

Une première évidence s'impose : le dimanche 4 décembre 2016, Narumi a quitté Besançon à bord d'un véhicule. De 19 h 04 à 22 h 12, son téléphone est connecté au relais de Chassagne-Saint-Denis, commune de cent vingt habitants nichée au cœur de la vallée de la Loue, à trente-cinq kilomètres du campus. « Dans ce village, il n'y a rien à faire, encore moins un dimanche soir. Narumi n'a pas de voiture, pas de permis, elle est forcément avec quelqu'un… » percute aussitôt David Borne. Le policier pense d'emblée à un restaurant.

Son supérieur Patrick Le Barre partage cette vision et couche l'idée sur procès-verbal : *Afin d'obtenir un maximum d'informations, il est décidé de procéder à une minutieuse enquête auprès de tous les restaurants du secteur d'Ornans dès le 18 décembre, soit deux semaines jours pour jour après la disparition de Kurosaki Narumi.*

Les policiers embarquent dans une machine à remonter le temps.

Leur espoir ? Revivre l'ultime soirée de la Japonaise à travers les souvenirs d'hypothétiques témoins.

8

Ville natale du peintre Gustave Courbet, Ornans est l'une des perles de la Franche-Comté. Les pieds de cette charmante cité trempent dans la rivière de la Loue, autrefois paradis des pêcheurs à la mouche, quand sa tête frôle de jolies falaises de calcaire, auxquelles s'accroche une via ferrata bondée de touristes au retour des beaux jours.

C'est aussi la ville de David Borne. Le policier y a grandi. Quand il apprend que Narumi a passé sa dernière nuit vers Ornans, le jeune enquêteur y voit un signe, un encouragement à se porter volontaire. C'est à lui d'aller humer – deux semaines plus tard – l'odeur du crime qui, peut-être, flotte encore sur ses terres.

Borne suit le plan à la lettre : toquer aux portes de la dizaine de restaurants du coin, en croisant les doigts pour que quelqu'un, quelque part, se souvienne d'une cliente asiatique aperçue le soir du 4 décembre.

Le champ des possibles se réduit à mesure que la clarté du jour s'estompe. Six établissements, qui affichent portes closes les dimanches, sont aussitôt écartés. Au restaurant L'Exquis, neuf couverts avaient été servis lors de cette fameuse soirée, mais aucun des clients ne correspondait aux photos de Narumi que David Borne a emportées avec lui.

Dans les deux restaurants suivants, le sourire en papier glacé de la Japonaise ne stimule aucune mémoire. Reste La Table de Gustave. À peine entré, Borne comprend que c'est ici que tout va s'emballer : « Un serveur me confirme aussitôt avoir servi une jeune femme asiatique, en précisant qu'elle était en compagnie d'un homme », rapportera le policier. David Borne brandit une photo d'Arthur del Piccolo. « Rien à voir », balaie l'employé.

Dans les souvenirs du serveur, ce « couple » a été le premier à s'installer et le dernier à régler sa note. Table 20, au fond du restaurant. Elle assise côté banquette, « cheveux tirés en arrière », lui en face d'elle, « habillé assez classe », précise encore l'employé. « Elle n'était pas très souriante et mangeait très lentement. Elle mettait vraiment du temps. Je suis venu plusieurs fois la débarrasser, mais elle n'avait pas terminé... »

Les deux clients ont adopté un comportement discret, sans sourire chaleureux ni marque significative d'affection. Mais sans tension apparente non plus.

Pressé par David Borne, le responsable de salle exhume de son système informatique des détails supplémentaires. Les clients ont consommé un kir au vin du Jura, un verre de chardonnay et deux « menus de la Loue ». Le ticket de caisse de 59,60 euros a été enregistré. Il est signé par le jeune homme. Son nom est illisible, mais La Table de Gustave offre à la PJ le sésame tant attendu : ce mystérieux inconnu a payé avec une carte Visa *Banco de Chile*.

Le cœur de David Borne manque un battement.

La carte sud-américaine semble mener droit vers l'ex-petit ami de Narumi, évoqué par Arthur del Piccolo dans une précédente audition. Un Chilien qui soi-disant harcelait la jeune femme avant leur rupture. « Jusqu'alors, le scénario d'un individu traversant le monde entier pour se venger me paraissait totalement impossible », assumera Borne. Il ne l'est plus.

Le lendemain matin, le service de la PJ est en ébullition. La fameuse carte bancaire est au cœur des enjeux. Les collègues de David Borne peinent encore à confirmer l'identité de son propriétaire, mais se démènent pour retrouver trace d'éventuels autres achats. Son numéro est envoyé à toutes les banques françaises, un résultat tombe : la CB a été utilisée la veille de la soirée d'Ornans, le samedi 3 décembre 2016 à 16 h 03, dans un magasin H&M situé à Besançon. Les policiers s'y précipitent. Cet achat de 79,98 euros correspond à un blazer et une chemise blanche. La copie du ticket de caisse est exhumée par le personnel. On y déchiffre une signature affublée du prénom *Nicolas*, suivi d'un *Z*.

Le puzzle s'assemble en accéléré.

Sur leur lancée, les enquêteurs visionnent les archives de la vidéosurveillance du magasin. À l'écran, un homme patiente derrière deux clientes avant d'avancer vers le comptoir, une fois son tour venu. Il tient de sa main gauche ses habits pendus sur cintres. Son visage apparaît. Il correspond aux photos consultables sur le compte Facebook de l'ex-petit ami de Narumi.

Son nom ? Nicolas Zepeda.

Ce même lundi 19 décembre 2016, le directeur de La Table de Gustave fournit les images de la caméra positionnée audessus de la porte de l'hôtel-restaurant. Le procès-verbal rédigé par David Borne est d'une précision clinique : *À 19 h 02, constatons l'entrée d'un individu de sexe masculin, brun, revêtu d'un manteau foncé, d'un pantalon clair et de chaussures montantes pouvant correspondre au signalement de Nicolas Zepeda. L'homme est suivi à un mètre d'une femme plus petite que lui, revêtue d'un manteau foncé, d'un pantalon foncé et de bottes noires*. Narumi Kurosaki. Tous deux ressortent à 21 h 57. Lui devant, elle toujours derrière.

La jeune Japonaise a disparu depuis quinze jours, et Nicolas Zepeda vient de jaillir de l'obscurité dans laquelle il était tapi. Tout concorde : c'est avec lui que Narumi a partagé son ultime soirée.

Enfin, la police tient son suspect.

9

Les enquêteurs de la PJ se précipitent dans le sillage de ce Zepeda, bientôt guidés par une nouvelle inspiration de l'un d'entre eux…

Le soir de sa trouvaille décisive, David Borne ne rentre pas à Besançon. Ses parents sont installés à Montgesoye, un village situé à cinq minutes d'Ornans où le jeune policier a gardé ses habitudes. Après dîner, il décide de rester dormir sur place. Mais le sommeil le fuit. Allongé dans sa chambre, l'enquêteur gamberge, quand soudain lui vient une idée.

Pour les automobilistes peu habitués aux routes surplombant Besançon, la voie des Mercureaux est un piège imparable, dans lequel sera peut-être tombé Nicolas Zepeda. Cette rocade très empruntée coiffe les hauteurs de la ville. Et au grand dam des « pilotes » inattentifs, le radar tronçon installé sur cette RN57 a le meilleur score du département, respecter les soixante-dix kilomètres-heure en pleine descente relevant, ici, de l'exploit. En 2016, onze mille huit cent quatre-vingt-neuf conducteurs ont été verbalisés par ce dispositif…

Et si Borne avait raison ? Dès le lendemain matin, les résultats réclamés au centre automatisé des radars de Rennes tombent. Le soir du dîner de Nicolas et Narumi, deux voitures ont été flashées dans un créneau horaire compatible. La piste menant à la première voiture est vite écartée, mais la seconde retient toute l'attention des policiers.

À 22 h 35, une Renault Mégane Scénic a été contrôlée à quatre-vingt-deux kilomètres-heure. Sur le cliché joint à la procédure, l'habitacle est trop sombre pour distinguer ses occupants, mais selon les relevés téléphoniques, le portable de Narumi borne dans la même zone, à la même heure.

La police établit aussitôt le contact avec la société de location Rent A Car, propriétaire de la carte grise. Son responsable révèle que la Mégane a été louée à la gare de Dijon par un certain « Nicolas Humberto », domicilié à La Pastora 181, Las Condes, Chili.

Besançon-Dijon ? Une heure de route pour le commun des mortels, beaucoup moins quand on est policier, qu'on est pressé, et qu'on dispose d'un gyrophare bleu pour filer à grande vitesse. Ce même jour, le mardi 20 décembre à 14 heures, une employée de l'agence Rent A Car détaille pour les enquêteurs la fiche récapitulative de cette location : le client s'est présenté au comptoir le 30 novembre pour récupérer sa voiture, qu'il avait pris soin de réserver deux semaines plus tôt sur Internet, depuis le Chili.

Après avoir parcouru sept cent soixante-seize kilomètres, la Renault a été restituée le mercredi 7 décembre, soit deux jours après les cris nocturnes entendus sur le campus.

Du renfort arrive rapidement. Les agents en blouse blanche de la police technique ont du boulot… La Mégane est isolée, pour être méticuleusement scrutée, photographiée et passée au peigne fin. Une trentaine de prélèvements scientifiques sont réalisés. Un cheveu est repéré et placé sous scellé, tout comme une touffe d'herbe et de la terre séchée coincées sous une roue.

La PJ met également la main sur le client qui avait loué cette voiture, dans la foulée de Zepeda, sans que celle-ci ait été, selon les dires de cet homme, correctement nettoyée par l'agence. Le témoin évoque un véhicule « très sale au poste conducteur », avec « de la terre aux pieds du chauffeur dans la moquette », ainsi que dans le coffre. L'aspect extérieur n'était pas plus reluisant, assure-t-il, « comme si c'était un 4 × 4 qui avait été dans le bois » ou « avait roulé dans la campagne ».

Où diable Nicolas Zepeda a-t-il traîné, pour rendre sa voiture en pareil état ?

10

Le suspect numéro un garde deux semaines d'avance sur la police. Une éternité.

Sur ce parking dijonnais, à l'abri des regards indiscrets, les policiers s'acharnent sur la Renault Mégane en espérant découvrir l'itinéraire précis de Zepeda durant son séjour en France. Les enquêteurs consultent le GPS du tableau de bord. Sans résultat probant, sa mémoire ayant été effacée.

Qu'à cela ne tienne. À cinq jours de Noël, la voiture leur offre un cadeau surprise, sous forme d'un tracker intégré.

Ce dispositif est doté d'une carte SIM semblable à celle utilisée dans les smartphones. Son exploitation se révèle précieuse. Des données géographiques, basées sur le déclenchement successif des relais téléphoniques croisés sur le chemin, en sont extraites. Bien qu'il soit approximatif, se présentant plutôt comme une succession de zones plus ou moins vastes, le périple automobile de Nicolas Zepeda se révèle aux yeux des enquêteurs.

Cette avancée est décisive. Si le Sud-Américain a vraiment quelque chose à se reprocher, le flash de ce radar va lui coûter cher… Sans excès de vitesse, jamais les policiers bisontins n'auraient retrouvé sa voiture de location, et jamais son parcours n'aurait été retracé. Il faut désormais analyser ces allées et venues. Leur donner un sens. Comprendre, avec le recul, les faits et gestes de Nicolas Zepeda.

Pour autant, l'équation Narumi est loin d'être élucidée. Et pour David Borne, sa résolution devient une obsession.

Le jeune policier collabore au quotidien avec Lilian Rampin, son binôme, redoutable enquêteur lui aussi. Un soir au bureau, ce dernier suit le fil d'une audacieuse idée : tenter de s'introduire dans le compte Google de Narumi, jusqu'alors inaccessible. Quelques manipulations suffiraient à réinitialiser le mot de passe de la Japonaise, ce qui ferait sauter le verrou numérique.

David Borne est enthousiasmé par l'astuce de son collègue, mais a un doute sur la validité procédurale d'une telle manœuvre… Le risque ? Si l'enquête aboutit un jour, franchir une ligne rouge pourrait compromettre tout le travail accompli, en offrant à la défense de Nicolas Zepeda la possibilité de plaider un vice de forme. Sollicitée en urgence, la juge d'instruction se veut rassurante. Feu vert pour l'ouverture de la boîte mail de Narumi Kurosaki.

David et Lilian s'y plongent sans retenue. Un premier constat rapide confirme l'intuition des policiers : au-delà du lundi 5 décembre 2016, jour de la disparition physique de Narumi, les mails non lus s'accumulent.

L'espoir de la retrouver vivante s'effondre.

La jeune Japonaise n'a plus été vue depuis seize jours quand la juge d'instruction reçoit des nouvelles d'Interpol au Chili. Le bureau basé à Santiago vient de transmettre les empreintes digitales de Zepeda. La PJ les compare aussitôt à celles relevées sur une tasse bleue, découverte dans la chambre de Narumi et placée sous scellés.

Elles sont identiques.

Le vendredi 23 décembre 2016, un mandat d'arrêt international est émis à l'encontre de Nicolas Zepeda.

11

Pour les habitants de Besançon, Narumi Kurosaki n'est d'abord qu'un visage, celui qui illustre les avis de disparition placardés partout dans la ville. L'inimaginable s'incarne dans les traits d'une personne d'apparence radieuse, animée d'un regard franc et innocent. Par réflexe, on se surprend à vouloir hurler à cette inconnue de fuir le danger tant qu'elle le peut, ridicule pensée qui s'évanouit en une fraction de seconde : ce sourire insouciant n'est qu'un vestige en papier glacé d'une réalité déjà dépassée. Effacé, le sourire. Envolée, l'insouciance.

L'alerte concernant la disparition de Narumi est diffusée dans la presse locale le lundi 19 décembre 2016. Intrigués, les Bisontins découvrent une jeune et jolie Asiatique, légèrement maquillée, un trait de rouge sur ses lèvres, avec de discrètes boucles aux oreilles. Le regard de Narumi est rieur, pétillant de vitalité.

Le texte est court. *Toute personne qui pense l'avoir vue, en voiture ou à pied, accompagnée ou non, ou qui est susceptible d'apporter des précisions utiles, est invitée à contacter le commissariat. Les enquêteurs n'excluent pas les pistes géographiquement lointaines*, peut-on lire partout. *L'hypothèse accidentelle n'est pas à écarter*, ajoute le communiqué.

Deux jours plus tôt, le journal *L'Est républicain* a publié un premier article, sobrement intitulé : « Disparition inquiétante d'une étudiante japonaise à Besançon ». La photo d'illustration est frappante. Dans l'entrebâillement d'une porte, à contre-jour, se découpe la silhouette d'une étudiante interrogée par le journaliste. Affaissées par la timidité, l'incrédulité et l'anxiété, les épaules de cette voisine de chambre de Narumi portaient déjà le poids d'un possible drame.

La nuit vient de tomber sur le campus. Une atmosphère de début de vacances règne sur les lieux. Quelques étudiants s'attardent encore dans les allées. Certains rient, insouciants, heureux d'avoir enfin du repos. D'autres passent vite leur chemin et semblent observer les ombres avec inquiétude. Ils pressent le pas jusqu'à leur résidence. Les policiers en sont repartis en fin d'après-midi, après avoir interrogé la plupart d'entre eux, écrit dans cet article Paul-Henri Piotrowski, premier journaliste à relayer l'existence de « cris d'angoisse », entendus deux semaines auparavant.

Personne n'en a conscience, mais les graines du malheur ont déjà germé.

Le soir même, cet appel à témoins est balayé par une actualité majeure. La folie terroriste frappe à nouveau l'Europe. À Berlin, un camion vient de foncer dans les allées bondées d'un marché de Noël. Treize morts, une cinquantaine de blessés, une Allemagne traumatisée, le bilan est effroyable. Le monde entier suit en direct la traque d'Anis Amri, l'auteur de ce carnage revendiqué par l'État islamique. La cavale du Tunisien prend fin quatre jours plus tard, à Milan, où il est abattu par la police.

Le lendemain, dans une indifférence quasi générale, le commandant Régis Millet convoque plusieurs médias locaux pour communiquer sur l'affaire Narumi. À la surprise générale, deux journalistes de TV Asahi, un média dominant au Japon, se présentent également à son bureau. Ils semblent un peu perdus. Mobilisé sur les attentats de Berlin, le duo explique « avoir sauté dans un train » pour venir s'enquérir du sort de leur compatriote disparue.

Le commandant de la PJ joue cartes sur table : « Pour nous, c'est une affaire 100 % criminelle. On pense sans aucun doute que Narumi Kurosaki est décédée. Nous avons identifié un suspect. » Le mis en cause, présenté comme « dangereux », aurait pris des précautions pour « dissimuler son crime et sa fuite ».

À Besançon, cité étudiante et fière de l'être, la nouvelle se répand d'un écran à l'autre à la vitesse d'un clic. L'émoi est collectif et sincère. Cette jeune victime a parcouru la moitié de la planète jusqu'à nous, se dit-on, elle a fait confiance à notre ville, à ses habitants, ses enseignants, et quelqu'un aurait osé l'assassiner ?

« Nous sommes tous marqués. De mémoire, une telle chose ne s'est jamais produite sur le campus de Besançon », réagit la directrice de cabinet de l'université de Franche-Comté. La faculté met en place une cellule psychologique spécifique, ouverte à tous les élèves, enseignants ou personnel du Crous pour « libérer la parole et être à l'écoute ».

Un parfum de trahison flotte dans l'air. Celui qui a fait ça doit payer, pensent les Bisontins, bien qu'une confusion générale brouille les esprits : comment parler de crime avec certitude, alors qu'aucun corps n'a été retrouvé ?

Mais le trouble qui s'empare de la ville de Besançon n'est rien, comparé à l'onde de choc qui va secouer le Japon.

12

Shuichi Anamoto est le directeur de l'antenne française de TV Asahi. Alors que la conférence de presse du commandant Millet vient de s'achever, ce mardi 20 décembre 2016, il est le premier à percevoir l'ampleur du tsunami médiatique qui va déferler sur le pays du Soleil-Levant. « Les Japonais adorent voyager. Pour notre jeunesse, aller en Europe représente un rêve. Chez nous, beaucoup de gens vont s'identifier... » Ils se compteront par millions.

À l'approche de Noël, et alors que les Français se préoccupent davantage de leurs cadeaux de dernière minute que du sort incertain d'une étrangère, des dizaines de journalistes nippons accompagnés d'interprètes déboulent à Besançon.

Le Japon, tout le Japon, veut percer le mystère de cette disparition, assimilée à un crime par la police française. TV Asahi, NHK, Fuji TV, NNN ou TBS se livrent une féroce bataille pour relayer avant le concurrent la moindre info, le témoignage le plus anodin. Micro et caméra en main, leurs envoyés spéciaux quadrillent tous les sites liés de près ou de loin à l'affaire : centre-ville, palais de justice, commissariat, restaurant La Table de Gustave à Ornans, Centre de linguistique appliquée et, bien sûr, résidence universitaire de Narumi.

En pleines vacances, le campus est quasiment désert. Les journalistes sont partout dans les allées, petites silhouettes perdues dans une brume d'hiver persistante. Beaucoup font le siège de la chambre 106, pourtant placée sous scellés. De nombreux étudiants sont abordés… La plupart n'ont rien à dire.

Les reporters japonais s'adonnent à une contre-enquête fulgurante pour retracer, avec un talent évident, le parcours de leur ressortissante avant qu'elle ne se soit évaporée dans la nature. Un travail si précis, engagé et exhaustif qu'il devance parfois les investigations policières en cours.

Le Japon est gagné par une incompréhension totale, teintée d'une dose d'indignation : comment la France ose-t-elle parler d'assassinat sans nulle trace d'un corps ? « Le pays est sous le choc. Chez nous, tant que la victime n'a pas été découverte, on parle de disparition », insiste Misa Takei, journaliste de la chaîne NNN[1].

La procureure de la République de Besançon de l'époque, Edwige Roux-Morizot, maintient le cap : « De très nombreux moyens sont actuellement déployés, tant pour retrouver le corps que pour faire toute la lumière sur les circonstances du crime », officialise-t-elle dans une salle du palais de justice bondée. La représentante du parquet est formelle : « La seule hypothèse retenue, c'est que malheureusement, cette jeune femme est morte. »

Au Japon, les photos de Narumi saturent les écrans de télé, les journaux papier et les réseaux sociaux durant plusieurs semaines. C'est LE sujet du moment, qu'il faut abreuver d'infos fraîches, de scoops, de révélations.

À Besançon, le commandant de la PJ Régis Millet est littéralement traqué par les caméras nippones. Soucieux d'éviter les filatures, le patron du service d'enquête prend l'habitude de se cacher dans les voitures de ses collègues pour sortir du

1. *L'Est républicain*, « Les télévisions japonaises enquêtent à Besançon », 24 décembre 2016.

commissariat, devant lequel les médias campent presque jour et nuit. Sa maison secondaire, située dans un village à quatre-vingt-dix kilomètres de la capitale comtoise, est également prise d'assaut dès qu'il s'y rend pour décompresser. « Toujours polis mais incisifs », selon Régis Millet, les Japonais planquent devant sa porte, à l'affût. Et toutes les occasions sont bonnes, même les promenades avec son chien, pour le cribler de questions.

Edwige Roux-Morizot voit rouge. Lassée par cette frénésie, la procureure fustige publiquement « l'hémorragie » de fuites dans la presse qui, regrette-t-elle, alimente « des enquêtes parallèles ». Cinq semaines après la disparition de Narumi, la magistrate tient à partager « la colère légitime des policiers, du parquet et des juges d'instruction, dont le travail est mis à mal par ces révélations », tout en pointant « le risque de donner au suspect des clefs pour organiser sa défense ».

La pression médiatique finit par quitter les rives du Doubs pour s'exporter à l'international. À Tokyo, les sœurs et la mère de Narumi vivent cloîtrées chez elle, assiégées par les sollicitations. Déjà accablées par la situation, leur traumatisme est absolu. À la recherche de témoignages, les médias investissent chaque recoin du campus de Tsukuba.

« Au Japon, tout le monde connaît cette histoire et tout le monde connaît Narumi », rapporte Frédéric Petit, qui travaille pour TV Asahi depuis Paris. Dans ce pays réputé sûr, préservé de délinquance d'opportunité, ce genre d'affaire est hors normes. « Les crimes de sang sont majoritairement liés aux bandes criminelles organisées, dont la réputation de violence est incarnée par ses membres, les yakuzas, mais ces faits se limitent au monde de la nuit », situe le journaliste.

Une jeune Japonaise qui se ferait tuer en France ? « Cela relève de l'extraordinaire et génère une sidération de l'opinion publique », analyse Frédéric Petit, en insistant sur l'esprit de groupe qui cimente la population nippone, gouvernée par un sentiment supérieur de solidarité nationale. « Chacun raisonne avant tout dans l'intérêt de tous, les individualités sont perçues comme une dissonance. Dès le plus jeune âge, les écoliers portent l'uniforme, et ce principe d'uniformité, justement, se prolonge à chaque étape de la vie des Japonais, dont le totem est le vivre-ensemble. »

Narumi faisait exception. « Les étudiantes qui décrochent une bourse à l'international sont rares. Avoir un petit ami étranger n'est pas non plus la norme. Son parcours est jugé atypique », souligne le journaliste. Mais, aussi singulière soit-elle, la jeune femme symbolise l'excellence japonaise. C'est une enfant du pays avant tout. Un maillon de la chaîne.

Narumi a disparu à dix mille kilomètres de chez elle, et tout le Japon se mobilise pour la retrouver.

13

« Solaire ». C'est ainsi que, le plus souvent, ceux qui ont croisé le chemin de Narumi la décrivent.

Narumi Kurosaki est née le 23 juillet 1995 dans un quartier modeste de Tokyo, premier enfant de parents aimants mais désargentés. C'est son père, Koji, qui choisit son prénom. Narumi peut se traduire par « qui aime la mer ».

Taeko, sa mère, se souvient d'une fillette « à la santé solide, toujours gaie, qui riait beaucoup ». Guidée par sa spiritualité, elle se persuade que ce bébé est « la réincarnation » de sa propre mère, décédée alors que Taeko n'avait que 21 ans… L'âge de Narumi au moment de sa disparition.

Dans l'album de famille, les photos défilent. Narumi à la plage, Narumi sur le quai d'un port, Narumi skis aux pieds, Narumi qui joue au ballon dans une piscine, Narumi dans son joli kimono… Sur les clichés, l'aînée est vite rejointe par deux autres enfants, ses sœurs Honami et Kurumi, nées en 1997 et 1999.

Le quotidien n'est pas si simple. Sous le vernis, ce beau tableau familial souffre de craquelures, de failles cachées. Tout vole en éclats le 27 juillet 2006, lorsque Taeko et Koji Kurosaki finissent par se séparer.

L'univers des trois sœurs chavire alors que, quatre jours plus tôt, Narumi soufflait ses onze bougies. Le père disparaît du paysage, à l'exception d'un repas annuel qui s'impose comme un rituel sans chaleur. Dans le cœur de Taeko, Narumi, Honami et Kurumi s'ouvre un vide béant au fond duquel prospèrent incompréhension, tristesse, voire colère. La rancœur intime de la mère se propage dans l'esprit de ses filles, trop jeunes pour relativiser.

Pour la personnalité en construction de ces trois enfants, ce traumatisme est fondateur. Taeko Kurosaki érige sur ces ruines un nouvel équilibre. Femme forte, elle cumule jusqu'à trois petits boulots pour subvenir aux besoins de ses filles. Dans un Japon régi par le patriarcat, la famille Kurosaki prône une autre philosophie : ici, le féminin l'emporte.

Adolescente, Narumi est baignée par ce code de pensées peu conventionnel, qui rompt avec le modèle familial traditionnel japonais. Elle y puise le meilleur, une résilience qui exacerbe ses qualités naturelles de curiosité, d'empathie, de courage et d'intelligence. Elle développe une âme créatrice, qu'elle alimente de dessins et de calligraphie. Après ses cours, dès que son âge le lui permet, Narumi travaille à son tour, pour rapporter un peu d'argent à la maison.

Toute la famille mise sur cette adolescente radieuse, si douée pour les études. Ses sœurs, admiratives, la présentent comme une « ange gardienne » toujours protectrice et s'effacent devant son charisme inné. Une pour toutes, toutes pour Narumi.

L'aînée est un soleil autour duquel gravite le reste du foyer. « Elle ne se vantait jamais, dit d'elle sa mère, tout ce qu'elle voulait, c'était s'améliorer. Elle travaillait dès l'aube et obtenait toujours de bons résultats. » Avec tendresse, sa mère raconte que souvent Narumi révisait à la lueur du jour naissant en entrouvrant à peine le rideau, pour ne pas réveiller ses sœurs, qui partageaient la même chambre qu'elle. Admise dans une prestigieuse université privée, l'étudiante ne donne pas suite, soucieuse d'éviter des frais de scolarité trop élevés pour sa famille. Narumi finit par tenter avec succès l'exigeant concours d'entrée de l'université de Tsukuba, une institution publique réputée pour son excellence et prisée par les élites.

La jeune Narumi grandit, son appétit intellectuel suit la même courbe. La voilà déterminée à découvrir le monde dans toute sa complexité, s'imprégner de toute sa diversité, de toutes ses richesses. Ceux qui croisent sa route sont marqués par ses aspirations et attitudes « occidentales », échappant aux carcans propres à son pays, où pudeur et discrétion sont érigées en art de vivre. Sa capacité à nouer des liens sociaux, où qu'elle soit, est impressionnante.

Portée par d'excellents résultats, la jeune femme décroche une bourse qui lui ouvre les portes de l'Europe. Narumi veut étudier en France et rien ne freinera son projet, pas même les réticences de Nicolas Zepeda, son petit ami de l'époque.

Telle mère, telle fille, Narumi sait ce qu'elle veut et ce qu'elle ne veut pas. « C'est quelqu'un d'épanoui, avec un caractère très fort, complètement différent du caractère japonais traditionnel », confirme son ami Shintaro. Bavarde, chaleureuse, belle, enthousiaste et sans tabou, elle attire naturellement l'attention et, souvent, la sympathie.

Ses perspectives professionnelles sont vagues, mais à 21 ans l'étudiante demeure guidée par sa vision altruiste. « De retour au Japon, Narumi aurait voulu créer des structures sociales pour aider les familles monoparentales comme la nôtre, révèle sa sœur Kurumi. Elle avait une volonté de fer et mettait toujours ses idées en pratique. » À Besançon, Narumi contacte le Secours populaire pour proposer son aide bénévole, soucieuse, écrit-elle, *de trouver des solutions pour réduire la pauvreté dans le monde.*

Malgré la distance, la jeune Japonaise maintient un contact constant avec les siens, à qui elle ne se lasse pas de narrer ses petites et grandes aventures françaises. Ravie de tant de découvertes, confiante, heureuse, Narumi a pris son envol.

Au détour d'une discussion, elle écrit à sa mère ces quelques mots : *Toute rencontre est un trésor dans une vie.*

II

Sur les traces de Nicolas

14

Il l'appelait « Naruchan », elle l'appelait « Nicochan », des petits surnoms affectueux glissés ici et là au gré de leurs discussions, messages, lettres et mails.

D'un bout à l'autre du monde, rien ne prédestinait Nicolas Zepeda à rencontrer Narumi Kurosaki.

Né le 11 décembre 1990, Nicolas est l'aîné d'une famille financièrement aisée, élargie trois ans plus tard par l'arrivée de jumelles, Barbara et Josefa. Deux sœurs qu'il aime présenter comme ses « meilleures amies ».

Bercé par la foi catholique très prégnante au Chili, le jeune garçon grandit à Temuco, ville de deux cent trente mille habitants située à l'intérieur des terres et chère au poète Pablo Neruda. Il décrira une enfance heureuse et confiante, portée par « le sentiment d'être aimé ».

Débordant d'énergie, le petit Nicolas est élevé selon les préceptes de l'école Montessori, une philosophie éducative qui accorde une grande liberté à l'enfant, encouragé à développer des qualités d'autonomie et d'initiative. Le fils Zepeda, valorisé, fait vite preuve d'intelligence et d'indépendance. Sociable, enjoué et curieux, il traverse ses premières années sans accroc apparent, faisant la fierté de ses parents.

Homme à poigne et travailleur émérite, son père, Humberto Zepeda, a gravi les échelons jusqu'à devenir un cadre important de la société Movistar, géant de la téléphonie hispanophone. Sa mère, Ana Luz Contreras, elle, a officié comme secrétaire de mairie à Temuco, avant d'assumer, plus tard, des missions d'assistante du sénateur chilien Francisco Huenchumilla. Nicolas navigue entre ces deux pôles, qu'il dit « admirer » sans condition. Son père comme mentor, figure classique du mâle latino, dominant voire autoritaire, sa mère comme soutien affectif sans faille, douce et rassurante.

Ses parents sont accaparés par leurs métiers respectifs, un engagement si chronophage qu'une gouvernante est chargée de materner leurs trois enfants. Nicolas l'adore. Son départ alors qu'il n'a qu'une douzaine d'années l'ébranle profondément.

À l'aube de sa majorité, le déménagement de sa famille pour Antofagasta, à deux mille kilomètres au nord de la capitale, marque un premier tournant. Lui s'installe seul à Santiago, où il profite d'un appartement cossu dans le quartier huppé de Las Condes, pour suivre ses études universitaires. Sur les traces de son père, Nicolas s'intéresse à l'administration des entreprises, un long cursus lui permettant de côtoyer d'autres esprits aiguisés. Loin du cocon familial, il n'est plus forcément celui qui brille, qu'on remarque et qu'on félicite. Ce nouvel environnement le déstabilise, au point de solliciter l'aide d'une psychologue pour mieux maîtriser son « intelligence émotionnelle », confessera-t-il.

Nicolas continue de développer certaines capacités, devenant notamment un crack en informatique. L'étudiant se passionne pour les arcanes du numérique, en papotant avec d'autres geeks sur des forums Internet spécialisés. Il développe aussi sa vie sociale, festive et amoureuse, avec quelques relations plus ou moins sérieuses. « En général, ce sont les filles qui viennent à moi », précise Nicolas à qui veut bien l'entendre.

Le Chilien a soif d'apprendre, de se cultiver, de mémoriser. Les principes de l'école Montessori vibrent toujours en lui. Il dévore des pages entières de Wikipédia et s'offre même un voyage solo de quatre mois aux États-Unis. Touche-à-tout, Nicolas s'intéresse au sport, à la culture, à la danse et à la musique.

Le Sud-Américain n'hésite pas à partager ses modestes talents sur le site Internet Smule, plate-forme Internet permettant de pousser la chansonnette avec d'autres internautes. Filmée face caméra, sa reprise de « Baby One More Time » laisse songeur. Allongé avec désinvolture sur un lit, clins d'œil à l'appui, Nicolas et sa voix nasillarde ne font pas honneur au tube de Britney Spears. Les paroles, elles, résonnent douloureusement :

« Oh bébé, je n'aurais pas dû te laisser partir / Et maintenant tu es hors de portée / Je dois avouer que j'y crois encore [...] Quand je ne suis pas avec toi, je perds la tête [...] Ne sais-tu pas que j'y crois encore ? »

Nicolas Zepeda, alias « Nickjock », ne suivait qu'un seul autre membre sur Smule. Naru723. Le pseudo de Narumi Kurosaki.

Le Chilien est également captivé par la littérature. L'un de ses ouvrages préférés s'intitule *L'Enfant qui devint fou d'amour*[1], livre culte au Chili, paru en 1915. Avec sensibilité, l'auteur Eduardo Barrios plonge le lecteur dans le journal intime d'un garçonnet tombé éperdument amoureux de la belle Angelica, une jeune adulte. D'abord naïves et attendrissantes, ses pensées se noircissent au fil du récit, basculant dans la jalousie, la détresse puis la folie.

Adolescent, Nicolas Zepeda avait également créé un blog d'écriture baptisé « Les derniers mots du Prince », sur lequel

1. « Las huellas que conducen a Nicolás », article de *La Tercera* publié le 18 février 2017.

étaient publiées quelques nouvelles. L'une d'elles, partagée en 2007, s'intitule « La Llamada » (qu'on peut traduire par « l'appel »). Introspectif, son récit décrit les états d'âme mélancoliques d'un Chilien prénommé Daniel, qui espère revoir une ex-compagne lors d'un séjour à venir aux États-Unis. Il tente en vain de la contacter par téléphone. La femme, qui a refait sa vie avec un autre, reste sourde à ses nombreux messages… Le personnage tiré de l'imagination de Nicolas Zepeda accuse le coup. « Même si tu ne m'appelles pas et que tu ne me parles plus, je t'aimerai toujours », écrit Daniel à son amour perdu.

Une différence saute aux yeux : contrairement à son personnage de fiction, jamais Nicolas ne préviendra son ex-petite amie Narumi de sa venue en France.

15

Nicolas Zepeda et Narumi Kurosaki se sont rencontrés le jour de la fête des morts.

Japon, octobre 2014. Profitant d'un programme d'échange, le jeune Nicolas a choisi l'université de Tsukuba pour poursuivre ses études et s'imprégner de la culture nippone, qui le fascine tant. « Narumi faisait partie d'un groupe qui voulait rencontrer des étudiants étrangers. Un jour, j'étais à la bibliothèque, on est venu me trouver car ils avaient besoin d'un DJ pour leur soirée Halloween », détaille le Chilien. Ce soir-là, Nicolas et Narumi ne font que s'apercevoir, mais l'histoire s'emballe quelques jours plus tard dans un supermarché, où tous deux se seraient croisés par hasard, selon le jeune homme. « Je me souviens de son pull rouge… On a échangé nos coordonnées. »

Premiers mots, premiers sourires.

Les choses évoluent lorsque Narumi est invitée à l'anniversaire de Nicolas. Entre eux, l'alchimie est réelle et ils se voient, dès lors, très régulièrement.

Le Chilien tombe sous le charme de Narumi, attiré par sa beauté, sa spontanéité, sa force de caractère, sa vivacité d'esprit. Elle, totalement inexpérimentée, se laisse séduire par cet étudiant à l'accent exotique, souriant, mignon, cultivé et attentionné. Tout les sépare, mais leur histoire d'amour, simple et légère, semble enjamber les barrières sociales, culturelles et financières.

C'est la première fois que Narumi présente un garçon à sa famille. Sa mère le trouve « doux et gentil », bien que son japonais soit encore médiocre. Nous sommes en mars 2015. Les cerisiers s'apprêtent à transformer les rues de Tokyo en paradis de pétales roses, une explosion de grâce qui envoûte les badauds du monde entier. Le cœur de Narumi, lui, s'ouvre à mille et une promesses de bonheur.

Cette idylle naissante se heurte à un premier obstacle : Nicolas doit repartir étudier au Chili. La distance n'aide pas, mais les amants s'écrivent ou s'appellent tous les jours. Romantique à l'excès, Nicolas fait livrer à Narumi des fleurs et expédie des mots d'amour manuscrits, qu'il illustre de collages enfantins et de petits cœurs. Sur l'un d'eux, le Chilien écrit : *Rien ne peut briser notre relation puissante et sincère.*

Malgré quelques trous d'air, leur couple résiste, concentré sur l'horizon commun de septembre 2015. Radieuse, Narumi débarque en Amérique du Sud pour trois semaines de vacances. Les retrouvailles sont intenses. C'est au tour de Nicolas Zepeda de présenter sa moitié à son père, sa mère et ses sœurs, signe d'un engagement maximal. Cap ensuite sur la Bolivie, pays qui émerveille Narumi : visite du désert de sel d'Uyuni, journées skis, délicieux restaurants, le voyage des deux tourtereaux a la douceur d'une lune de miel.

Ces vacances sont fondatrices. Tout n'est pas parfait, Nicolas a ses lubies, Narumi son caractère indépendant, mais tous deux puisent dans ce séjour la certitude que demain tout ira mieux puisqu'ils « forment une équipe », selon l'expression préférée du Chilien. À l'approche de Noël, Nicolas se lance dans une nouvelle déclaration : « Je t'aime tellement. Tu es capable de rendre mes jours radieux, tu m'inspires pour faire toujours mieux et pour devenir une meilleure personne. »

Confiant, Nicolas Zepeda prend une décision majeure. Ses études terminées, il va retourner au Japon pour vivre aux côtés de sa belle « Naruchan ».

16

Doté d'un simple visa touristique, le Sud-Américain débarque à Tsukuba en avril 2016.

Nicolas Zepeda s'installe dans le petit appartement loué par Narumi. À tâtons, le couple découvre la vie à deux, la vraie, rythmée par ses petits bonheurs et tracas. Nicolas veille sur Narumi. Le Chilien délaisse la cuisine mais s'occupe du ménage, de la lessive, des courses, lui offre des fleurs et reprise ses chaussettes trouées. Sans emploi, le Chilien est très, voire trop présent…

Pour Nicolas Zepeda, ces problèmes naissants trouvent leur source ailleurs. « C'était la première relation de Narumi avec un homme. Elle résistait, elle montrait des réticences. Le plus difficile pour elle, c'était de comprendre ce que c'était qu'un couple », confiera-t-il à une psychologue, en déplorant « un manque de respect et d'empathie » à son égard. Nicolas aime expliquer à quel point, patient, il a su inculquer à Narumi les bases saines d'une relation amoureuse. Telles que lui les conçoit.

À ses yeux, les louables efforts de Narumi ne suffisent pas. Entre eux apparaissent des tensions récurrentes, des reproches réciproques. Si Nicolas, à 25 ans, ne se construit aucun avenir immédiat, la Japonaise, elle, s'investit énormément dans ses études, qu'elle cumule avec un boulot, le soir venu, pour arrondir ses fins de mois et aider sa famille à Tokyo. Ce décalage les ronge. Narumi peine à absorber la pression conjugale générée par le Sud-Américain. Impulsive, il arrive que ses mots dépassent sa pensée.

Le fossé s'élargit brutalement quand Nicolas comprend que sa venue au Japon ne remettra pas en question le projet de sa compagne, si enthousiaste à l'idée d'aller étudier en France. Nicolas, déconfit, tente de la dissuader. Mais Narumi, déterminée, tient bon.

Le temps des étreintes s'éloigne, l'heure est au bras de fer.

Dans l'attente du grand départ, Narumi rend les clés de son appartement en juillet 2016 pour une courte escale sous le toit familial. Nicolas, lui, emménage temporairement chez un ami. Les disputes pour des futilités pourrissent leur quotidien. Devenu jaloux, nerveux, puéril, le Chilien ne cesse de fustiger l'attitude de Narumi.

Une première rupture est inévitable.

Nicolas est adepte des messages interminables, au gré desquels sont étalés ses ressentis. « Nous ne méritons pas cette façon de vivre. Je sais, ardemment, que je ne trouverai pas une autre Naruchan. Un autre ange pour moi. Tu es celle qui est faite pour moi. Je manque de mots pour exprimer l'amour que je vois en toi, et l'amour que je ressens pour toi. »

Narumi est sur un fil, elle hésite. À 21 ans, elle a besoin de s'envoler loin du Japon et de ses repères, de rompre avec ses habitudes, de repousser ses limites pour mieux se réinventer et se découvrir en tant que femme. Que faire ?

Elle répond à Nicolas par une longue et belle lettre. *Je t'ai aimé si fort, Nico. J'étais une personne très froide au sujet de l'amour, mais tu m'as transformée. J'ai appris comment aimer quelqu'un.* À la candeur de celle qui découvre les affres de l'amour se mêlent les certitudes d'une femme étonnamment mature. La Japonaise se livre à cœur ouvert : *Je ne peux pas accepter qu'on veuille me changer. Je ne peux pas accepter celui qui ne respecte pas ma confiance et ma volonté. Je ne veux pas abandonner en raison de mon compagnon. Mon premier amour était mon trésor précieux. J'étais à toi tout le temps.* Et cette conclusion, comme une invitation : *J'ai toujours envie de t'étreindre encore une fois.*

Narumi Kurosaki finit par céder à cette envie adolescente. À un mois de son départ pour la France, le couple se reforme dans la douleur, noué par d'impossibles promesses à tenir. Tout est devenu si fragile.

Taeko Kurosaki ne cache pas son trouble et alerte sa fille : « Fais attention, étant trop amoureux, il y a des hommes qui finissent par perdre la tête sous l'effet de la colère »... Funeste prédiction ? Sur l'instant, Narumi balaie l'avertissement maternel avec légèreté. « Nico est plutôt du genre à pleurer, rassure-toi. »

Le 25 août 2016, Narumi se rend à l'aéroport de Tokyo. Sa mère l'accompagne. C'est la dernière fois que Taeko Kurosaki verra sa fille vivante. Nicolas Zepeda est présent, lui aussi. Il y a des au revoir qui ont un arrière-goût d'adieu. Lors des précédentes scènes de séparation, le Chilien se montrait submergé par l'émotion, mais cette fois, alors que Narumi lui tourne le dos et disparaît, le jeune homme ne verse aucune larme. Son attitude déconcerte la mère de Narumi.

Zepeda semble comme détaché.

17

Loin des yeux, loin du cœur, les bonnes résolutions du couple volent en éclats dès l'arrivée de Narumi en France, le 26 août 2016. La distance aggrave les travers de Nicolas, soucieux de tout savoir, tout voir, tout contrôler. Narumi se sent épiée. Un fracas de sentiments contradictoires résonne en elle, de l'amour passionné à la haine viscérale.

L'étudiante est à Besançon depuis à peine deux jours que, déjà, le ton monte. Narumi va jusqu'à menacer son petit ami intrusif de « prévenir la police ». Nicolas reste calme : *Nous devons nous faire confiance à distance, Naruchan.*

Leur relation ne tient plus qu'à un fil. Une semaine passe. Narumi ne perd pas de temps : sociable, curieuse, elle multiplie les rencontres amicales, mais son petit ami pense déceler chez elle un comportement fuyant, voire mensonger. Il menace de la quitter puis de la « bloquer » de tous moyens de communication.

Nicolas souffle le chaud et le froid, poussant Narumi dans ses retranchements. *Va jouer avec quelqu'un d'autre, j'en ai terminé.* Puis plus loin, *Je pensais que tu étais LA fille, je voulais nous voir avancer ensemble.* Narumi est aux abois. *Je vais regagner ta confiance*, promet-elle, le suppliant de ne pas rompre. Nicolas, intransigeant, exige de la Japonaise la suppression « de trois mecs » récemment ajoutés à son Facebook, qu'elle doit accompagner de captures d'écran en guise de preuves. Parmi ces amis interdits : Arthur del Piccolo, futur rival amoureux.

Je vais perdre patience… s'agace Nicolas quand il comprend que Narumi rechigne à obéir. *Je ne peux pas croire que tu préfères trois amitiés Facebook plutôt que de te battre pour ton amour. Je ne sais pas comment je vais expliquer ça à mes parents.* On touche, chez Zepeda, une corde sensible. Le regard de papa et maman pèse lourd.

Narumi louvoie, s'apitoie, s'agace, mais ne cède pas. Le Chilien dégaine dans la foulée un mail tortueux dont il a le secret, afin d'accentuer la pression. Son propos laisse entrevoir les ombres qui semblent le gouverner : *Tu t'étais engagée à être une bonne femme. Toutes les relations sont basées sur la confiance. Parce que tu es partie en France, je ne peux pas tout vérifier ce que tu fais tout le temps […] Ce que tu as fait est mal : tu as un petit ami, et tu cherches d'autres gars pour te sortir.*

Narumi se durcit. L'emprise psychologique que tisse sans relâche Nicolas autour d'elle se déchire de toutes parts. *Je suis vraiment impressionnée que tu puisses écrire ça. J'ai envie de te tuer*, réplique-t-elle.

Depuis le Japon où il vit toujours, Nicolas Zepeda tente de garder le contrôle des faits, gestes et pensées de sa petite amie. Un nouveau mail est expédié au lendemain de cette dispute. Narumi oublie ses devoirs primaires de « bonne femme » ? Qu'à cela ne tienne, dans sa grande bonté son protecteur lui adresse un rappel aux allures de dernière chance. Net. Précis. Implacable.

Le coût pour toi est que tu vas devenir la meilleure fille à partir de maintenant : 1, tu ne causeras jamais un problème. 2, tu ne seras jamais fâchée. 3, tu ne seras jamais méchante. 4, tu n'auras jamais un mauvais mot. 5, tu ne négocieras jamais plus quoi que ce soit.

Nicolas Zepeda appuie ses sommations d'une vidéo, qu'il publie dans la foulée sur Dailymotion. Il apparaît assis à un bureau, caméra cadrée sur sa tête et son torse. Le Chilien est vêtu d'un tee-shirt bordeaux, deux écouteurs blancs glissés dans les oreilles. « Cette vidéo est une déclaration », entame-t-il en anglais.

Un bref sourire crispé traverse son visage juvénile, puis Zepeda se lance. Son ton est monocorde : « Récemment, Narumi a fait de mauvaises choses qui lui coûtent de suivre certaines conditions afin de garder cette relation, bien que je croie que nous devrions vivre d'une autre façon. On devrait se croire l'un et l'autre, être honnêtes. C'est une façon plus saine de vivre. Certaines conditions sont applicables pendant son séjour en France, d'autres sont applicables pour toujours. Et le timing est le suivant : [...] si pendant deux semaines elle suit toutes les conditions, je les abandonnerai. Parce que je ne veux pas vivre comme ça. Mais en même temps, il faut qu'elle bâtisse de la confiance. Elle doit payer un peu pour ce qu'elle a fait, et assumer le fait qu'elle ne peut pas continuer à faire ce type d'erreurs avec une personne qui l'aime. »

Fixant toujours sa caméra, Nicolas Zepeda suspend son monologue un court instant. « Ouais, deux semaines », conclut-il avec indolence, levant bien haut son majeur et son index.

L'avertissement du Chilien a comme des airs d'ultimatum.

18

Tel un oiseau épris de liberté, Narumi se débat toujours plus fort dans sa cage.

L'étudiante est à Besançon depuis deux semaines, quand elle se plaint à sa mère de ce sentiment d'oppression qui l'étreint. Le comportement maladivement jaloux de Nicolas empoisonne son quotidien, et ses mots sont sans équivoque : *Je n'en peux plus, je veux couper les ponts avec lui.*

Quelques jours plus tard, le Sud-Américain lui adresse un poème enfiévré, avec cette mention : *Love you madly, mi amor.* Je t'aime à la folie, mon amour.

Narumi semble perdue. S'envoler pour de bon vers de nouveaux horizons ? Rester avec cet homme qui l'avait tant séduite mais qui est devenu si envahissant ? La Japonaise reste *par pitié*, écrit-elle à sa maman, et par respect de la parole donnée. Dans la culture nippone, la notion d'engagement n'est pas un vain principe.

Mais les divergences sont trop puissantes : le 14 septembre 2016, l'étudiante rédige une lettre de rupture peu commune, qu'elle enrobe de mots bienveillants. Difficile de sonder la sincérité de ses écrits. S'excuse-t-elle réellement de ne pas être à la hauteur de son Nicochan, ou essaie-t-elle déjà, par peur anticipée, d'amortir la réaction démesurée d'un homme trop passionné ?

Mon amour, [...] tu es vraiment comme un ange [...]. Je

suis la plus chanceuse des filles du monde. Une ode à Nicolas Zepeda qui nourrit son ego de mâle mais camouflerait le vrai objectif de Narumi : fuir ?

L'étudiante avance sur un fil, en faisant mine de plaider coupable : *Je me suis rendu compte que je ne pouvais pas te rendre heureux. Je suis jeune, je ne veux pas abandonner tous mes projets. J'ai besoin de ma vie privée et je veux être plus forte par moi-même. Je ne mérite pas d'être ta petite amie*, s'excuse-t-elle. Avec finesse, Narumi roucoule comme pour mieux amadouer son partenaire, gardien obsessionnel des clés de sa cage : *Je ne veux pas te perdre car tu es parfait. Mais je ne suis pas parfaite. Donc je dois te laisser. Je veux revenir dans ta vie quand je serai devenue plus mature [...]. Merci infiniment, je suis désolée. Tu es mon plus grand amour, pour toujours.*

Pour toujours. Nicolas Zepeda la prendra au mot.

Le jeune homme s'accroche à cette relation qu'il croit avoir façonnée à force de patience, d'intelligence et d'expérience, s'accroche à l'idée qu'on ne peut pas l'abandonner, s'accroche à cette indomptable Narumi, qui remue en lui de puissants sentiments d'amour, de colère et de jalousie. Jusqu'à présent, le Chilien n'avait jamais été quitté. Comment cette fille à qui il a tant appris, tant donné, ose-t-elle le rejeter ? Elle va se rendre compte de son erreur. Elle doit s'en rendre compte.

Plus Narumi cherche à glisser hors de sa main, plus Nicolas serre le poing.

Le 16 septembre, le compte Facebook de la jeune femme est piraté puis bloqué. Narumi l'ignore, mais depuis le campus de Tsukuba, Nicolas a toujours accès via le code « Naru723 » à sa session universitaire. Les policiers japonais décortiqueront ces connexions : d'après leurs investigations, Zepeda utilise à cinquante-sept reprises cette session depuis son propre ordinateur ou téléphone, consultant à l'aide d'un traducteur cent cinquante-six messages privés de Narumi, alors que celle-ci se trouve déjà à Besançon.

Toujours selon l'enquête nippone, Nicolas se connecte par ailleurs cent vingt-huit fois au profil d'un certain Arthur del Piccolo. Il le sent, le sait, Narumi est en passe d'être séduite par cet étudiant français.

Fin septembre 2016, c'est décidé… Nicolas veut trouver un moyen de rallier la France avant qu'il soit trop tard.

Coincé seul au Japon, le Sud-Américain se démène pour décrocher un stage à Besançon, « parce que Narumi s'y trouve », avoue-t-il à un proche susceptible de l'aider. L'éventualité de sa venue dans le Doubs tétanise sa compagne. *Nicolas est désemparé. Il dit qu'il veut venir me voir, mais je lui ai interdit*, écrit-elle à sa mère.

Repoussé, Zepeda fait mine d'abandonner. Il ne s'imposera pas. Pas tout de suite, pas à visage découvert.

Le samedi 8 octobre 2016, une ultime dispute scelle leur rupture définitive. Nicolas souhaite cette fois dénicher un boulot à Paris, sollicitant sans succès l'assentiment de Narumi. *Trop de pression d'amour, trop de responsabilité*, lui oppose la Japonaise, qui se démène pour le dissuader : *Ton rêve ne devrait pas appartenir à ta petite amie.* Mais le Chilien n'a qu'un rêve, une seule obsession, la reconquérir coûte que coûte. *J'essaie de trouver une solution pour être ensemble, mais toi, tu es aveugle*, attaque Nicolas. Au contraire, Narumi ne voit que trop clair dans son jeu.

Le conflit devient frontal quand l'étudiante parle soudain de sa grossesse, un secret qu'elle n'avait a priori jamais partagé avec quiconque. *Je n'oublierai jamais que tu m'as mise enceinte. Tu ne ressens jamais de responsabilité, je me sens comme une idiote*, s'emporte-t-elle. Nicolas tente de la culpabiliser : *Je voulais être avec toi, me marier avec toi, avoir des enfants, une famille, une maison*. Intraitable, il reproche à Narumi son manque de vigilance : *Je ne te disais pas tout le temps que tu devais vérifier ça ? Tu es tombée enceinte parce que tu as fait l'amour avec moi, personne ne t'a forcée.*

Les reproches se bousculent avec violence. *Je suis venu au Japon et tu t'es enfuie en France. Tu as rompu avec moi et tu as décidé de me détruire*, poursuit Nicolas, fustigeant le « manque d'honnêteté » de sa partenaire. Face à ces accusations qu'elle juge indécentes, Narumi perd ses nerfs et les insultes fusent.

Pour l'étudiante, en passe de tomber amoureuse d'Arthur, les limites sont franchies, bafouées, piétinées. Il n'y aura plus de retour en arrière. Nicolas a perdu pour de bon le contrôle de cette conversation, le contrôle de cette relation, et le contrôle de Narumi.

Frustré, blessé, il la bloque sur les réseaux sociaux. Toute communication entre eux cesse.

Sans prévenir personne dans son entourage japonais, Zepeda monte le lendemain dans un avion. Direction le Chili.

19

De retour parmi les siens, Nicolas Zepeda passe sous les radars. Difficile, dès lors, de sonder les méandres de ses pensées.

Un détail laisse entrevoir, comme à travers un voile, les morsures de cette rupture dans son esprit. Deux jours après son retour au pays, Nicolas effectue un premier paiement au bénéfice d'un centre de thérapie du comportement de Santiago du Chili. D'autres suivront. Situé au cœur de la capitale, l'établissement jouit d'une solide réputation. Son logo représente trois visages qui se superposent, colorés d'un dégradé de verts. Les visages que propose Nicolas Zepeda sont tout aussi multiples.

Ce centre de thérapie offre un large panel de prises en charge sur tout type de problématiques, notamment conjugales. Pourquoi Zepeda a-t-il besoin d'aide ? Quelles sont la nature et l'intensité de ses tourments ? Que confie-t-il aux thérapeutes, et a-t-il obtenu le soutien nécessaire ? Le secret est préservé… Malgré ses efforts, la justice française n'obtiendra aucun détail sur son dossier médical.

En façade, le Chilien semble reprendre le cours d'une vie normale. Nicolas réintègre son cursus universitaire à Santiago et rejoint une équipe d'enseignants-chercheurs. Il se targue également d'avoir une nouvelle petite amie, de nationalité allemande.

De l'autre côté de l'océan, Narumi file déjà le parfait amour avec son « *lovely Arthur* ». Dans le cœur encore troublé de la jeune femme, Nicolas s'efface lentement mais sûrement. Narumi ouvre son agenda de bureau à la page du mois de décembre. À la date du 11, était inscrite la mention *Nico birthday*. Elle la rature.

L'étudiante supprime également de son ordinateur un faux diplôme, qui décernait le titre officieux de « meilleur couple du monde ». Un selfie souriant de Narumi et Nicolas, affublé d'oreilles de Mickey, était mis en scène de manière ingénue. Le document s'accompagnait d'une lettre d'amour enfiévrée écrite par la Japonaise. Des mots devenus vides de sens.

L'histoire aurait pu s'arrêter là. Aurait dû s'arrêter là. Une rupture parmi tant d'autres dans le tourbillon du monde.

À son cousin, Nicolas affirme un mois plus tard que c'est lui – et lui seul – qui est à l'origine de la séparation, en imputant à Narumi des erreurs de jeunesse et en regrettant cette « mauvaise rencontre ». Nicolas veut minimiser : « En vérité, elle ne méritait pas tant d'effort, de temps et d'affection. » Son cousin l'encourage à tourner la page, en comparant chaque rupture amoureuse à « un deuil ». Le deuil d'une relation à laquelle Zepeda a tant cru, pour laquelle il s'est tant investi… Il ne semble pas près de l'accepter.

Ment-il alors consciemment ? Se ment-il à lui-même ? Nicolas fait comme si tout allait pour le mieux.

En catimini, le Chilien prend sa décision. Il organise un voyage en France dans l'espoir flou et fou de revoir Narumi. Trois jours après la discussion avec son cousin, Nicolas sème les graines de son plan secret.

Jeudi 10 novembre, réservation d'un billet d'avion pour un vol jusqu'à Genève. Jeudi 17 novembre, réservation d'un billet de train Genève-Dijon et d'une voiture de location à la gare de Dijon.

Ses pions sont en place.

À Besançon, Narumi ne se doute de rien. Le dimanche 27 novembre, elle évoque sa vie sentimentale auprès de ses amis japonais, tous regroupés dans une chambre du Crous. « Elle racontait qu'elle avait été harcelée par son ex, le Chilien, et qu'elle était plus heureuse avec son copain actuel Arthur », témoignera son amie Kaori.

Narumi est soulagée. Elle se pense libérée.

Le hasard du calendrier donne le vertige. Au lendemain des confessions de Narumi, Nicolas se rend à l'aéroport de Santiago du Chili. Seul. Il embarque discrètement pour l'Europe, sans en parler à aucun ami, ni rien publier sur les réseaux sociaux.

Personne ne peut encore l'anticiper, mais les destins croisés de Narumi Kurosaki et de Nicolas Zepeda viennent de basculer.

À compter de cet instant, le Sud-Américain va avancer masqué.

20

Les jours qui suivent s'égrènent lentement, funeste compte à rebours que rien ne peut arrêter.

Séparées par une cloison de faux-semblants, deux lignes de vie vont finir par s'entrechoquer. Celle de Nicolas, solitaire, calculateur, dissimulateur, apparemment prêt à tout pour arriver à ses fins. Celle de Narumi, épanouie, amoureuse, insouciante, inconsciente du danger qui la guette.

Le scénario qui va suivre, et qui décrit les déplacements et agissements supposés de Nicolas Zepeda en France, s'appuie sur les conclusions de l'enquête menée par David Borne et ses collègues de la PJ bisontine, sous la supervision de la juge d'instruction Marjolaine Poinsard.

Mardi 29 novembre 2016, 20 h 48. L'esprit léger, Narumi Kurosaki pianote sur son clavier quelques mots doux à Arthur del Piccolo, à qui elle propose un projet : voyager ensemble au Japon pour lui faire découvrir son pays natal. L'étudiante nippone aime tellement Arthur qu'elle a dessiné à la main son portrait. Son œuvre trône dans sa petite chambre, posée sur le bureau face à son lit.

Une heure plus tard, Nicolas Zepeda atterrit en cachette à Genève, à cent soixante-quinze kilomètres de Besançon. Après une nuit passée à l'hôtel, le Sud-Américain file à Dijon récupérer sa voiture de location réservée deux semaines plus tôt. Il se procure dans la foulée une puce française SFR en prenant soin, lors de son séjour dans l'Hexagone, de ne plus utiliser sa ligne chilienne.

Le soir même, à 23 h 18, il s'engage sur l'autoroute direction Besançon et roule droit sur le campus. À 0 h 23, le Chilien se gare sur un parking à proximité immédiate de la résidence universitaire de Narumi.

Il ne s'est écoulé que huit minutes, selon l'enquête de police, lorsque la portière de la voiture de Zepeda s'ouvre et qu'une silhouette vêtue d'un jean bleu et d'un gros manteau noir, tête dissimulée sous une capuche et mains enfouies dans des gants noirs, est filmée à l'arrière du bâtiment par la vidéosurveillance. Personne ne se hasarde dans le froid piquant de cette nuit d'hiver, hormis ce rôdeur au comportement inquiétant. L'individu, tel un espion, prend la peine de photographier la façade de l'immeuble avec son téléphone. La caméra filme jusqu'à l'aube six passages similaires.

Malgré son long voyage, Nicolas Zepeda ne perd pas de temps : sous les fenêtres de la chambre 106 où dort paisiblement Narumi Kurosaki, il observe, évalue, scrute, épie. Sans jamais se dévoiler.

Le matin suivant, Narumi se réveille sans imaginer un instant que son ex-compagnon a traversé un océan pour la retrouver, qu'il a rôdé sous ses fenêtres toute la nuit, et qu'il se cache à présent à quelques dizaines de mètres de là, immobile dans une voiture. Aperçoit-il Narumi sortir de sa résidence pour monter dans son bus ? L'a-t-il suivie ? L'exploitation ultérieure du tracker de la Renault Scénic est formelle : le Chilien s'est rendu tôt ce matin-là au centre-ville de Besançon, où Narumi suit justement ses cours de français.

Nicolas Zepeda n'aborde pas son ex-petite amie. Sonder son lieu de vie, s'assurer de sa présence, repérer ses habitudes semblent d'abord lui suffire.

Ce jeudi 1er décembre, le Chilien ne s'éternise pas à Besançon : il retourne à Dijon, où il procède à de troublants achats, qui étaieront dans le dossier d'instruction la notion de préméditation. Nicolas Zepeda acquiert dans un supermarché un bidon de cinq litres de liquide inflammable, trois boîtes de cent quarante allumettes et un pulvérisateur de détergent… Idéal pour brûler un cadavre et nettoyer une scène de crime ?

En milieu d'après-midi, le jeune homme reprend la route pour Besançon avant, sans raison apparente, de quitter l'A39 au niveau du sud de Dole, dans le Jura. Il chemine à travers des villages dénués de tout intérêt touristique, entourés de champs, de forêts et de cours d'eau. Le tracker exploité par les enquêteurs fera état de deux coupures de moteur, de cinquante puis vingt-neuf minutes.

Alors que la nuit a tissé sa toile et que le thermomètre flirte avec les températures négatives, Zepeda s'attarde sans raison apparente dans cette zone reculée, comme s'il était en plein repérage.

Ce no man's land serait idéal, interprétera la police, pour se débarrasser d'un corps en toute tranquillité.

21

Nicolas Zepeda tourne en cercles concentriques autour de Narumi, sans jamais s'élancer à découvert. Il attend le moment propice. Son approche s'éternise trois jours. Trois jours à vivre comme un vagabond, sans confort, sans plan précis, si ce n'est celui d'espionner l'étudiante.

Après une deuxième nuit passée dans sa voiture, toujours garée sur le parking du campus, le Chilien s'enhardit. En plein après-midi et alors que Narumi est absente, une caméra de vidéosurveillance saisit une scène clé : à 16 h 18, ce vendredi 2 décembre 2016, Nicolas profite de la sortie d'un étudiant pour se glisser à l'intérieur du bâtiment Rousseau.

Zepeda est vêtu de sa tenue de rôdeur, manteau noir, jean bleu, gants noirs. C'est dans cet accoutrement que Rachel le croise une première fois dans les escaliers. La Britannique loge dans la chambre 102, à quelques mètres de celle de Narumi. Elle prend peur au point d'envoyer un SMS à une amie pour lui décrire cet individu au comportement *bizarre* qui, écrit-elle, *faisait semblant d'aller quelque part*.

Rachel tombe nez à nez avec l'intrus une seconde fois dans la cuisine de son étage. La jeune fille aperçoit « son reflet dans la fenêtre » alors qu'il « se cachait dans l'obscurité », rapportera-t-elle. L'étudiante est très mal à l'aise. Le rôdeur, confus, bredouille quelques mots en anglais puis fuit les lieux.

Est-ce lié à cette confrontation impromptue ? À la crainte,

peut-être, que la rumeur de sa présence suspecte se propage jusqu'aux oreilles de Narumi ? Ce soir-là, Nicolas Zepeda préfère en tout cas prendre le large jusqu'à Ornans, à trente minutes de route, pour louer une chambre à La Table de Gustave.

Dès le lendemain, le Chilien est de retour à Besançon. Il passe son après-midi au centre-ville, où Narumi et Arthur se promènent au même moment en amoureux. Nicolas Zepeda les a-t-il aperçus, main dans la main ? A-t-il scruté avec une colère froide les gestes tendres de son rival qui croit combler de bonheur sa « Naruchan » ?

Le soir du samedi 3 décembre, Nicolas Zepeda s'immobilise à nouveau sur le parking surplombant l'immeuble de Narumi. À deux reprises, à 22 h 25 et 3 h 44, d'après les données techniques du tracker analysées par les policiers, le Chilien s'extirpe de l'habitacle de sa voiture pour effectuer une ronde à l'arrière du bâtiment. La Japonaise, elle, dort à plusieurs centaines de mètres dans une autre résidence du campus, tendrement blottie contre Arthur del Piccolo.

Les circonstances exactes de la rencontre entre Narumi Kurosaki et Nicolas Zepeda, le lendemain, resteront l'un des angles morts de l'affaire. La discussion entre eux s'engage à un moment compris entre 16 h 10 et 16 h 57, heure à laquelle le véhicule de Nicolas redémarre avec Narumi assise – de son plein gré – sur le siège passager.

Les versions fantasques ou fantasmées de Zepeda ne permettront pas de cerner les réelles conditions de ces retrouvailles. Le Chilien affirme d'abord que c'est Narumi, émue aux larmes, qui l'aurait repéré par hasard dans sa voiture. Il fera ensuite évoluer son récit. Zepeda explique avoir placé un appât, sous la forme d'une feuille A4 volontairement accrochée sur son pare-brise, qui aurait miraculeusement capté l'attention de Narumi. Sur ce papier, une inscription : *Nicomi*, contraction de leurs deux prénoms.

Aussi romantique soit-il, le compte rendu du mis en cause ne résiste pas aux constatations judiciaires. La configuration des lieux, la distance entre le parking et le bâtiment de Narumi, l'obscurité naissante à cette heure de la journée et la mauvaise vue de l'étudiante, myope, mettent à mal sa version.

Si la vérité reste à ce jour inconnue, une certitude émerge. Nicolas Zepeda a dû employer la manière douce, soucieux de désamorcer toute réticence, toute peur ou tout refus de la part de Narumi. Le Chilien a parcouru des milliers de kilomètres pour elle, rien que pour elle, et c'est probablement masqué derrière un sourire mouillé de larmes qu'il l'a abordée.

Il est aisé d'imaginer que Narumi, nourrie par une culture de respect et d'honneur, ne peut pas, ne veut pas repousser cet homme ou l'ignorer tel un inconnu. Après tout, elle l'a tant aimé… Des résidus de cette passion flottent-ils encore à la surface de son inconscient ? On ne peut l'exclure.

Dans son esprit torturé, ce samedi 3 décembre, Nicolas espérait avant tout regagner la confiance de son ex-compagne pour mieux la ramener vers lui. À sa merci. Loin d'Arthur del Piccolo. Loin de tous les autres. Loin de cet avenir duquel Narumi avait osé l'évincer.

La reconquérir, une priorité absolue ?

Sans doute, alors, Narumi Kurosaki avait-elle encore une chance.

22

Cran par cran, les mécanismes du drame s'enclenchent. Rien ne peut les stopper.

Après un détour devant le joyau patrimonial de la saline royale d'Arc-et-Senans, dont ils trouvent les portes closes, Nicolas et Narumi roulent jusqu'à Ornans pour y dîner. L'étudiante n'est ni violentée ni séquestrée. Des photos d'elle souriante, prises devant la saline puis au restaurant, tranquillement assise devant son assiette, attestent d'une ambiance plutôt apaisée.

Malgré le récent engagement de Narumi envers Arthur, les deux anciens amoureux ont forcément beaucoup de choses à se dire. Leur séparation s'est nouée à distance, dans la douleur et le ressentiment, mais c'est la première fois que Narumi et Nicolas se revoient depuis leurs adieux à l'aéroport de Tokyo, il y a un peu plus de trois mois.

Bercé par ses fantasmes, Nicolas Zepeda présentera cette dernière soirée comme idyllique. Il évoquera des mains qui se cherchent, se trouvent, s'étreignent, une complicité restaurée, intense, jouissive, une envie réciproque de partager ce moment de félicité… Ce n'est pas l'impression qu'en a gardée le serveur du restaurant La Table de Gustave, qui les a observés.

Personne ne peut deviner ce qu'éprouve Narumi Kurosaki, à cet instant, face à ce Nicolas Zepeda sorti de nulle part. Est-elle grisée de le retrouver, démunie ou gênée ? Tente-t-elle de solder définitivement ses comptes avec son ex, tout en évitant de le heurter, de le braquer, de le provoquer ? Décèle-t-elle déjà derrière ce visage jovial une forme d'instabilité, voire de tension ? Est-elle flattée par cet incroyable voyage surprise, ou sidérée par cette folle initiative ?

Un constat s'impose. Narumi n'est pas alarmée au point d'alerter sa mère, ses sœurs, ses camarades ou Arthur. La Japonaise a son téléphone à portée de main, une photo prise par Nicolas au restaurant le prouve, mais elle ne prévient personne de la présence en France de son ex-compagnon. À aucun moment elle ne tente de l'éconduire, de partir, de fuir.

À 22 h 58, la vidéosurveillance du campus de Besançon filme deux vagues silhouettes, séparées d'un bon mètre, qui s'engouffrent d'un pas tranquille dans la résidence Théodore-Rousseau… Ce sont les dernières images de Narumi vivante. L'ultime témoignage de son existence.

Sur cette vidéo, Narumi n'est qu'une petite forme colorée aux contours si incertains, si flous, qu'elle semble déjà en train de disparaître.

La Japonaise n'apparaît pas sous contrainte, quand elle autorise Nicolas à la suivre jusqu'à sa chambre. Mais est-elle sous emprise ? Les raisons qui guident Narumi restent soumises à toutes les interprétations. Nicolas a un temps évoqué la nécessité de prendre une douche, prétexte pour lequel Narumi l'aurait admis chez elle. Il modifiera encore son récit par la suite : Narumi et lui auraient éprouvé l'envie coupable de faire l'amour, soutient le Chilien.

L'incertitude demeure. L'enquête de police, elle, est d'une précision chirurgicale. Une conversation écrite entre Narumi et Arthur del Piccolo s'engage une minute seulement après ce retour dans la résidence, quand le jeune étudiant vient aux nouvelles. *J'attendais cette question, je voulais te le dire quand nous nous verrons*, évacue Narumi en utilisant le smiley d'un bonhomme triste. La réponse n'est pas habituelle, l'alarme interne d'Arthur se déclenche. Il propose aussitôt de venir la rejoindre, mais Narumi ne joue pas franc-jeu : *Je veux rester à la maison… Je peux ? Je suis fatiguée.*

Un mauvais pressentiment agite Arthur. *Y a-t-il une raison sérieuse ?* relance-t-il. *Pas vraiment, du moins pas pour nous. Pour moi, peut-être*, répond la Japonaise, qui reste vague mais refuse qu'Arthur la rejoigne. L'insistance de son chéri n'y change rien. *Je suis trop endormie, je préfère demain ou un autre jour… Merci de t'en soucier*, maintient-elle.

Arthur del Piccolo cède.

Si le jeune ingénieur avait rejoint Narumi, tout aurait été différent. C'est un fardeau cruel, qui pèsera certainement toute sa vie sur sa conscience.

Quatre heures de calme avant la tempête s'écoulent. Un espace-temps totalement opaque. Quelle aurait été l'étincelle a priori fatale à Narumi ? Une discussion devenue dispute, qui échappe à tout contrôle ? Une tentative de Nicolas de se rapprocher physiquement, repoussée par Narumi ?

Vers 3 h 20, des cris d'effroi et de douleur résonnent dans la résidence, accompagnés de bruits sourds comme des chocs. D'après les enquêteurs, le procureur et la juge d'instruction, Narumi a lutté pour sa vie, sans doute de toutes ses forces, possiblement yeux dans les yeux avec son bourreau. Sans autopsie, déterminer la nature des violences exercées sur la Japonaise reste impossible, mais les policiers, par élimination, privilégient une mort par étranglement ou par étouffement.

Le scénario proposé par l'accusation détaille une scène terrifiante : pour tuer, l'assassin aurait utilisé ses mains. Des mains transformées en armes létales, soit serrées autour du cou gracile de sa victime, soit fermement enfoncées dans un oreiller plaqué sur son visage. Il aurait alors fallu au tueur plusieurs minutes d'effort constant pour que la Japonaise, piégée, cesse de respirer.

Le crime est invisible, mais non dépourvu de témoins : une macabre bande-son de la mort à huis clos de Narumi Kurosaki, perçue par une douzaine d'étudiants arrachés à leur sommeil, a transpiré des murs.

Avant que le silence engloutisse tout.

23

Narumi est morte, mais personne ne l'a encore compris.

Le lendemain matin, rien sur le campus ne laisse imaginer que l'horreur vient de frapper à la porte de la chambre 106. Il est 7 h 45 quand Arthur prévient Narumi par message qu'il passera après son travail. Sa petite amie, habituellement si matinale, ne répond pas. Le téléphone d'Arthur finit par vibrer à 11 h 15 en affichant une réponse, illustrée d'un petit lapin souriant censé le rassurer : *Pourrais-tu venir demain ? Ne t'inquiètes* (sic) *pas au sujet de ce que j'ai dit hier. Merci beaucoup de t'être fait du souci. Bonne journée, mon chéri.*

Ces quelques mots auraient été écrits par Nicolas Zepeda.

David Borne et ses collègues de la PJ sont formels : tout indique que ce vrai-faux message est le premier d'une longue série. Une manipulation orchestrée avec un aplomb glaçant, dans le seul but d'endormir l'inquiétude de l'entourage de sa victime.

D'après les enquêteurs, Nicolas n'aurait dans un premier temps pas quitté le bâtiment universitaire, de peur d'être repéré. Dans quel état d'esprit se trouve-t-il alors ? Le témoignage de Nadia apporte un éclairage partiel. Cette étudiante d'origine algérienne loue une chambre au dernier étage, peu fréquenté, de la résidence Théodore-Rousseau. Elle assure y avoir croisé Zepeda, caché dans la cuisine collective située face à son studio. Une rencontre que le Chilien a toujours niée.

Nadia est douée en dessin. La scène la marque au point qu'elle l'immortalise, pour les besoins de l'instruction, en quelques coups de crayon sur une feuille. « Il avait les cheveux décoiffés et les yeux gonflés, comme quelqu'un qui a beaucoup pleuré. Il était dans un sale état », détaillera-t-elle. Dans les souvenirs de cette étudiante, l'intrus est assis « recroquevillé » derrière la porte close. Saisie par « ce visage angélique » mais décomposé, la jeune femme a « pitié de lui » et tente de l'aider malgré la barrière de la langue, sans succès.

Nadia se révélera incapable de préciser la date de cette séquence, qu'elle situera « début décembre », vers 16 h 30-17 heures.

Pour la police, cet épisode se serait déroulé le lundi 5 décembre. Les investigations dessinent le scénario suivant : Narumi aurait été tuée une douzaine d'heures plus tôt et, dans cette cuisine, le suspect semble perdre pied. Il ne veut pas être vu, encore moins reconnu. Sortir en plein jour est une option trop risquée. Alors le Sud-Américain se serait réfugié au dernier étage du bâtiment, à l'abri des regards.

Ce jour-là, un détail frappe Nadia : les fenêtres de la cuisine sont grandes ouvertes, laissant s'engouffrer un froid glacial. Elle a le sentiment d'être face à un jeune homme qui panique. Qui a peur. Qui est perdu. Qui suffoque… Qui a besoin d'air.

Derrière la monstruosité de ses actes présumés, ces larmes dessinent sur le visage affaissé du Chilien une part d'humanité. Mais pleure-t-il alors sur Narumi ou sur lui-même ?

24

Alors que la nuit tombe, le jeune homme se ressaisit et, selon le déroulé retenu par la PJ, retourne se glisser dans le studio de Narumi.

Si l'on suit cette hypothèse, la séquence suivante est vertigineuse. Ce même lundi 5 décembre vers 21 heures, de premiers bruits se font entendre dans le couloir. Personne n'a vu l'étudiante de la journée et ses proches commencent à s'en inquiéter. Ils sont cinq à s'être donné rendez-vous devant le petit logement de la Japonaise, fermé à clé. Nabil, Shintaro, Kaori et Ayana y ont rejoint Arthur del Piccolo.

Les amis de la disparue l'appellent par son prénom, toquent puis tambourinent à sa porte, y plaquent l'oreille à plusieurs reprises. « Les cloisons sont minces. S'il y avait eu le moindre bruit dans la chambre, je l'aurais tout de suite entendu », rapportera Nabil.

Interrogé plus tard sur ce moment crucial, Zepeda fera du Zepeda. Il admettra sa présence dans le studio, mais se retranchera derrière de tortueuses justifications. « Narumi m'a fait signe de me taire avec la main. Elle était pieds nus, c'est traditionnel chez eux. Elle s'est levée du lit et a regardé par le judas pour voir qui il y avait dehors… » Sans émettre aucun son ? « C'était sa volonté de ne pas faire de bruit. On regardait un film avec des écouteurs. On a une certaine complicité, je connais ses gestes : je savais qu'elle allait m'expliquer après coup ce qui se passait. »

Sauf qu'à cet instant, selon les policiers, Narumi ne bouge plus, ne respire plus. Narumi n'est plus. Sans le savoir, ses amis se tiennent à quelques mètres de son cadavre.

Arthur pianote sur son téléphone, mais ses appels comme ses messages demeurent sans réponse. À 21 h 32, le smartphone de Narumi est désactivé. Définitivement.

Cette absence est inexplicable pour Arthur del Piccolo, qui le clame haut et fort : il veut ouvrir cette satanée porte. Accompagné de Nabil, le petit copain de Narumi va trouver le veilleur de nuit dans sa loge pour lui réclamer un double des clés.

Selon les enquêteurs, l'histoire s'apprêtait à basculer… Une serrure qui enfin se déverrouille, une porte qui s'ouvre sur l'horreur : David Borne est convaincu que la responsabilité de Nicolas Zepeda aurait, alors, éclaté aux yeux de la justice.

Il ne faut pas sous-estimer l'intelligence analytique du Chilien, prévient le directeur d'enquête. David Borne l'accuse d'avoir improvisé un tour de passe-passe pour faire pivoter la situation de cent quatre-vingts degrés. Ce n'est pas son univers qui va s'effondrer, mais celui de son rival, Arthur del Piccolo.

À 23 h 03, alors qu'il discute avec le gardien, Arthur reçoit un mail en anglais du compte de Narumi.

Salut, mon chéri. Je ne sais pas pourquoi, mais mes SMS ne fonctionnent pas. Je voulais te le dire en personne, mais je n'en peux plus. J'ai rencontré un autre garçon et je ne sais pas s'il me plaît ou pas. Aujourd'hui, j'ai passé la journée avec lui […]. Je suis un peu confuse. S'il te plaît, pardonne-moi, demain j'expliquerai tout !

Arthur est K-O debout. Surprise, détresse, colère et incompréhension se mêlent et se fracassent en lui. L'étudiant abattu demande des comptes. La réponse fuse : *Oh, je suis désolée que tu te soucies autant… J'étais en ville pour regarder les illuminations de Noël. Je ne reste pas à la maison ce soir.*

Si les accusations portées à son encontre sont correctes, le cynisme de Nicolas Zepeda est sans limites. Quand Arthur se débat encore, désespéré, un troisième mail l'achève : *Mon chéri, s'il te plaît, ne devient* (sic) *pas comme ça, je sens que c'est trop de pression. J'ai terminé ma dernière relation à cause de ça.*

Arthur del Piccolo n'a aucun moyen de percevoir la supercherie. La trahison de Narumi paraît foudroyante. À ses côtés, Nabil jette un œil aux messages reçus. « Ça sentait la rupture, mais puisqu'on avait des signes de vie, on a abandonné l'idée de récupérer les clés », expliquera-t-il. Visage fermé et cœur en vrac, Arthur va rassurer les trois étudiants nippons restés dans le couloir – « Narumi va bien » – puis tourne les talons pour fuir ce studio maudit, qui renfermait pourtant toutes les réponses…

Ce soir-là, la porte reste close. Et la chambre 106 ne livrera aucun de ses noirs secrets.

25

Quel rôle a joué la valise ?

Disparu avec la Japonaise, ce bagage cristallise toutes les interrogations. Son éventuelle utilisation suscite un vif débat, qui va jusqu'à diviser les policiers de la PJ et les magistrats bisontins. Mais une hypothèse morbide est écartée : rien ne laisse penser que le corps de Narumi – qui mesurait un mètre soixante-deux pour cinquante-quatre kilos – ait pu être découpé, aucune trace de sang résiduelle n'ayant été découvert dans la chambre ou la voiture.

D'après la police, Nicolas Zepeda serait resté plus de vingt-quatre heures enfermé avec sa victime décédée, une situation psychiquement intenable. Aurait-il caché la dépouille sous une couverture, l'aurait-il placée dans la salle de bains, ou serait-il parvenu à la plier dans la valise avant que la rigidité cadavérique ne fasse son œuvre ?

Le procureur de la République de Besançon, Étienne Manteaux, qui succédera à Edwige Roux-Morizot en septembre 2018, a longtemps cru cette troisième option impossible, avant de changer d'avis en prenant connaissance des détails d'une autre affaire d'homicide conjugal. Marianne Chèze a été tuée par son compagnon en 2019 près d'Annecy. Ses mensurations étaient équivalentes à celles de Narumi, et cette mère de famille avait été retrouvée dans une valise de taille similaire, chargée dans le coffre de la voiture de son bourreau. Les photos versées au dossier d'instruction de ce corps supplicié, en position fœtale, sont aussi choquantes qu'éloquentes.

Dans le studio 106 de la résidence Théodore-Rousseau, ce mardi 6 décembre 2016, Nicolas Zepeda aurait pris toutes les précautions nécessaires pour masquer sa fuite. Ses repérages sur le campus n'ont pas été vains. Si l'accès principal est couvert par la vidéosurveillance, il sait qu'à l'inverse aucune caméra ne filme la sortie de secours à l'arrière du bâtiment. L'escalier qui y mène se situe justement en face de la chambre de Narumi. Nicolas n'a donc qu'une poignée de mètres à parcourir pour s'éclipser.

Le Chilien minimise les risques en quittant les lieux en pleine nuit. Compactée dans sa valise ou enroulée dans sa couverture, Narumi aurait, selon David Borne, été portée ou traînée sur une cinquantaine de mètres via un petit chemin piétonnier, à l'abri d'éventuels regards. La voiture de location du Sud-Américain l'attend sur un parking en surplomb. L'exploitation du tracker embarqué dans son véhicule trahit l'horaire exact de son départ : 4 h 23.

La version de Nicolas Zepeda est cousue de fil rose. Il affirme avoir filé en pleine nuit pour désamorcer une dispute, Narumi ayant été gagnée par une brutale culpabilité vis-à-vis d'Arthur del Piccolo. « Quand je suis parti de la chambre, elle était bien », se défend Nicolas.

C'est faux, lui opposera Borne : selon lui, le Sud-Américain charge Narumi à bord, puis roule droit sur Dole sans emprunter l'autoroute. Il sait où se rendre. Hasard qui n'en est pas un, son trajet déclenche les mêmes relais téléphoniques que son troublant détour, cinq jours plus tôt, au sud de Choisey. Il n'y a rien, là-bas, qui justifie ce nouveau passage. Rien qui justifie ses trois arrêts prolongés sur les lieux, moteur coupé, de treize, vingt-cinq puis vingt-six minutes… Rien, sauf à chercher un endroit discret pour se débarrasser d'un corps ?

Cette vaste plaine regroupe quelques villages espacés, des bois, des pâturages d'élevage, des plantations de céréales et de nombreux cours d'eau. Là encore, les avis divergent. Nicolas Zepeda n'aurait eu ni le temps, ni la possibilité de creuser le sol gelé pour enterrer Narumi.

Restent deux possibilités, analyse la police. Le Chilien aurait pu utiliser ses allumettes et ses cinq litres de produits inflammables pour dégrader, puis dissimuler ce corps à l'air libre ou dans une cavité. L'alternative étant d'immerger Narumi dans une rivière ou un plan d'eau.

Nicolas Zepeda, lui, assurera d'abord s'être attardé dans le coin pour « reposer ses yeux » et s'assoupir dans une église… Or, à cette heure si matinale, aucun lieu de culte du secteur n'est ouvert au public. Interrogé une seconde fois et placé face à ses contradictions, le Chilien essaiera de s'adapter en déplorant une « erreur de traduction » : sa prétendue sieste aurait eu lieu non pas dans mais devant l'église.

Nicolas Zepeda finit par lever le camp vers 7 h 45, direction Dijon. Le dessous de sa voiture est maculé de terre, mais désormais, son coffre est vide.

Selon les enquêteurs, le jeune homme est persuadé d'avoir abandonné derrière lui une grande part de ses problèmes en même temps que cet encombrant cadavre.

26

Nicolas Zepeda s'est apparemment découvert un don rare : celui de faire parler les morts.

D'après les enquêteurs, le Chilien a compris à quel point duper son monde était facile : en possession du téléphone de la victime, le suspect a accès à tous ses comptes Facebook, Line et Google, privilège dont il userait et abuserait pour la ressusciter artificiellement. L'enjeu ? Retarder le signalement de sa disparition.

Dans la course contre la montre engagée avec la police, le maître des horloges se nomme Zepeda.

Selon les calculs de la PJ, le Chilien se serait débarrassé du corps depuis deux heures à peine, quand il se gare sur le parking du centre commercial de la Toison-d'Or à Dijon. Nicolas veut éteindre tout espoir de réconciliation dans le cœur d'Arthur del Piccolo. L'idée serait aussi simple que cruelle : le dissuader de rechercher Narumi, tout en le faisant souffrir. Joindre l'utile à l'agréable vengeance.

Arthur reçoit un nouveau mail qui le frappe en pleine poitrine. *J'espère que tu passes une bonne matinée. J'ai besoin de dire quelque chose. Je ne veux pas de cela. Pas encore. Pas encore quelqu'un qui me dit ce que je dois faire, et qui pense qu'il me possède […]. Hier, tu disais que si je ne reviens pas à ma chambre, j'allais recevoir ton rejet, comme si j'étais une gamine et toi quelqu'un de supérieur à moi.*

L'étudiant français, déboussolé, s'étonne sans s'énerver du comportement de sa compagne, qui aurait passé la nuit chez un autre garçon. Mais la fausse Narumi appuie là où cela fait mal : *Il est arrivé dans ma vie juste comme toi. À partir de maintenant, je vais me concentrer sur ce que je pense et sur ce que je veux. Merci de ta compréhension. Donnons-nous de l'espace… Amuse-toi.*

Nicolas va plus loin, toujours plus loin, en inventant une existence parallèle à Narumi. À 10 h 39, le voilà qui se connecte à une borne wifi de la Toison-d'Or pour acheter, avec les coordonnées bancaires de la Japonaise, un billet de train Besançon-Lyon. Tout est calculé. Tout porte à croire que le Chilien se fait encore passer pour son ex-compagne, en annonçant à Arthur qu'elle doit se rendre en Rhône-Alpes pour refaire son passeport.

Les enquêteurs de la PJ ont retrouvé puis interrogé les voisins du siège réservé, le mardi 6 décembre, au nom de Narumi Kurosaki. Aucun n'a le souvenir d'une passagère asiatique. Après avoir nié cet achat durant des années, Zepeda finira par admettre en être l'auteur, tout en assurant avoir acquis ce billet à la demande expresse de Narumi.

Méthodique, Nicolas ne panique pas. Après une nuit passée à l'hôtel à Dijon, il rend sa voiture de location le mercredi 7 décembre. Les employées de Rent A Car se souviendront d'un client « revenu avec le sourire » pour remettre les clés. « Il était très sympa, charmant, poli, il m'a dit qu'il se rendait ensuite à Barcelone pour voir son cousin et m'a demandé si je connaissais des quartiers sympas », témoignera une salariée. En toute décontraction. « Comme s'il était en vacances », ajoutera l'employée.

Les amis de Narumi, à leur tour, tentent de la contacter. Une camarade de classe coréenne soupçonne vite un souci. D'après

David Borne, Nicolas Zepeda garde son aplomb et répond dans un français approximatif, sans doute aidé d'un traducteur en ligne : *Salut Seohye ! Oui j'ai quelques problèmes. J'ai eu une discussion avec mon petit ami, je crois que nous allons nous séparer. Aussi, j'ai endommagé mon passeport et j'ai besoin d'un nouveau. Alors je suis venu à Lyon pour le consulat du Japon pour l'obtenir. Je suis en train d'arranger les choses, il faut juste du temps. Je pense que la semaine prochaine, je vous sentirez* (sic) *mieux pour revenir à des classes. Mais merci de t'en soucier !*

« Merci de t'en soucier »… *Thanks for worrying*, en anglais. La formule ponctue plusieurs des faux messages destinés à manipuler l'entourage de la Japonaise. Ces quelques mots ne sont pas anodins : c'est ainsi que Narumi Kurosaki avait conclu, de son vivant, l'ultime SMS envoyé à Arthur le soir du 4 décembre. Zepeda s'en inspire, accuse David Borne.

Le Chilien est un caméléon. Il se camoufle en observant son environnement pour mieux en maîtriser les aléas. Il pioche dans les écrits passés de Narumi pour mieux les mimer, soucieux de crédibiliser son leurre. Plusieurs amis de Narumi reçoivent de fausses nouvelles, autant de preuves de vie mensongères à en croire les investigations policières.

Arthur del Piccolo, lui, rêve encore de renouer avec Narumi. Il met de côté son ego blessé et, animé de la force du désespoir, se fend d'un dernier long message d'amour débuté par *Ma petite Naru* et conclu par un *Je t'aime* déjà vain.

La réponse fuse, impitoyable : *Je ne suis pas ta petite Naru. Je ne suis pas une chose qui t'appartient […]. L'amour n'est pas possible en si peu de temps. Il a besoin de murir. C'est quelque chose de moins fort, beaucoup plus éphémère. L'amour c'est aussi la compréhension, ce n'est pas la possession, Arthur. Je ne crois pas en tes excuses. À l'intérieur de toi, je pense que tu es juste un autre homme possessif. Je suis désolée que tu ne puisses pas respecter le temps que nous nous sommes donné et que tu ne puisses pas autocontrôler tes sentiments. Ceux-ci ne devraient pas affecter les autres, et ça a été le cas.*

Si les policiers ont raison, Nicolas ne se contente pas de repousser Arthur. Il le détruit.

Les arguments déployés par Zepeda seraient saisissants, tant ils ressemblent à ceux que Narumi a pu manier, quelques semaines plus tôt, pour se défaire de l'emprise du Chilien. Nicolas puise des idées et des mots dans sa propre désillusion amoureuse, pour les projeter à la figure d'Arthur. Il réécrit l'histoire en sa faveur, comme pour mieux s'en libérer.

Si l'on suit ce fil, Nicolas parle à Arthur comme Narumi parlait à Nicolas.

« Un homme possessif », comme l'était Zepeda. « Ne pas respecter le temps donné », ce qu'a pourtant fait Zepeda en imposant à Narumi sa venue en France. « Ne pas autocontrôler tes sentiments » et en perdre la maîtrise, ce qui est arrivé à Zepeda. Des sentiments « qui ne devraient pas affecter les autres » ? Ceux de Zepeda ont affecté Narumi au point qu'elle en est morte, soutiennent les enquêteurs.

L'effet miroir est vertigineux.

27

Pour crédibiliser l'illusion d'une Narumi toujours en vie, Nicolas Zepeda ne s'interdit rien, certifient les policiers. Une stratégie payante à court terme, mais qui laisse dans son sillage de nombreuses traces. Autant de miettes abandonnées derrière un diabolique Petit Poucet.

Nicolas quitte le sol français le mercredi 7 décembre 2016 et vient d'informer à la volée son cousin, installé à Barcelone, qu'il souhaite lui rendre visite. La raison de sa présence inopinée en Europe, ment-il ouvertement, est « d'assister à un congrès à Genève en remplacement d'un professeur tombé malade ».

Une fois en Espagne, Nicolas s'imagine déjà hors de portée de la justice française. Les enquêteurs expliqueront pourtant que le compte Gmail de Narumi a été utilisé le samedi 10 décembre, cinq jours après le décès supposé de la Japonaise, depuis une adresse IP qui serait bien celle du domicile barcelonais du cousin de Zepeda. Une preuve majeure à l'encontre de l'usurpateur chilien, dixit l'accusation.

Mais le pire reste à venir. Alors qu'ils dînent dans une pizzeria, Nicolas encourage son cousin, médecin, à détailler les mécanismes d'une mort par asphyxie. Ses questions s'enchaînent : « Qu'est-ce que je fais si je trouve quelqu'un qui s'est pendu ? », « Combien de temps met-on pour mourir ? », « Si je veux secourir une personne pendue, combien de temps ai-je ? », « Comment sait-on après une pendaison si la personne est morte ? »...

À la lumière de cette discussion se dessine une possible scène, difficilement soutenable. La mise à mort de Narumi a pu être laborieuse et précédée d'une forme d'agonie. Non sans réprimer un frisson, l'avocate de la famille Kurosaki, maître Galley, s'interrogera publiquement : « Et s'il avait eu un doute ? C'est ce qui expliquerait ces questions. Je ne peux m'empêcher de penser que, lorsqu'il a refermé la valise, Nicolas Zepeda s'est demandé si Narumi était bien morte. »

Dans sa frénésie manipulatrice, le Chilien aurait commis des erreurs. Le dimanche 11 décembre, jour de son anniversaire, Nicolas Zepeda se serait offert un cadeau pervers : reporter toute l'attention sur Arthur del Piccolo, en espérant que son ennemi juré attire les soupçons. Taeko Kurosaki reçoit un message alarmant du compte de sa fille, écrit en japonais : *J'ai récemment rencontré un nouveau petit ami, il s'appelle Arthur.* Le texte est accompagné d'une photo de Narumi avec son nouvel amoureux, souriants, tête contre tête. Nicolas ne pouvait pas le deviner, contextualise David Borne, mais sa tentative réveille au Japon une sourde angoisse : Narumi ayant déjà présenté Arthur del Piccolo aux siens, deux semaines plus tôt par visio, la famille Kurosaki comprend à quel point la situation est anormale.

En France, tout s'accélère. Le mardi 13 décembre, la disparition de l'étudiante est signalée à la police. Le matin même, Nicolas atterrit à Santiago sans se rendre compte que le fuseau horaire du compte Gmail de Narumi, laissé actif, se synchronise avec le fuseau horaire du Chili. Énième indice décisif aux yeux des enquêteurs, qui ont pris la peine de s'assurer de l'absence de la Japonaise dans l'avion.

Loin de l'Europe, Nicolas Zepeda n'a plus besoin de gagner

du temps. Il pense être à l'abri. Le fantôme de l'étudiante cesse d'écrire à son entourage. Selon les investigations policières, la vraie Narumi est morte depuis huit jours.

La fausse Narumi, elle, s'évapore définitivement.

28

Jérémie Bride, avant même que les autorités soient alertées du problème, a été le premier à suspecter Nicolas Zepeda.

Ce professeur français exerçant à l'université de Tsukuba, au Japon, connaissait le couple Narumi-Nicolas. Il avait fait leur rencontre dans un bar prisé des étudiants étrangers, à deux pas du campus, où l'enseignant avait lui aussi ses habitudes.

Jérémie Bride avait ensuite eu vent de leurs difficultés amoureuses. Soucieux de sonder son éventuelle implication dans la disparition de Narumi, Bride contacte Zepeda par écrit dès le mercredi 14 décembre 2016. Tout sourire, Nicolas s'empresse de le rassurer en partageant un selfie, le mettant en scène devant un drapeau national chilien épinglé au mur.

Jérémie Bride n'est guère convaincu par son ancien « copain de soirée », qu'il décide d'appeler dès le lendemain en visio. Leur discussion se focalise sans surprise sur Narumi, qu'il faut impérativement localiser. Durant cette conversation teintée d'hypocrisie, qui s'éternise presque une heure, Zepeda dissimule à Bride sa récente venue en France. Il prétend n'avoir eu aucune nouvelle récente de Narumi, tout en tentant de glaner – plus ou moins subtilement – des informations sur les avancées de l'enquête.

À la demande du jeune professeur de Tsukuba, qui reste méfiant, Nicolas finit par filmer avec son téléphone les rues de Santiago, allant jusqu'à aborder des inconnus pour que ceux-ci confirment leur présence dans la capitale. Jérémie Bride baisse la garde… Comment lui en vouloir ? Si Nicolas se trouve au Chili depuis quelque temps, il ne peut en aucun cas être lié à la disparition de la Japonaise.

Jusqu'alors, Zepeda pensait avoir été suffisamment malin pour ne pas être soupçonné mais cet appel fissure ses certitudes, observera le directeur d'enquête David Borne. Avec maladresse, le Chilien s'empresse d'effacer l'après-midi même certaines traces de ses agissements. Il contacte séparément deux amies japonaises afin qu'elles suppriment leurs récents échanges écrits. Rina Sakamaki et Megumi Seguhira s'en étonnent, mais se plient à cette étrange requête. Elles cèdent même aux improbables exigences de leur camarade, qui réclame des copies d'écran en guise de preuves de leur bonne foi.

Le sujet de ces discussions, si gênantes pour le Chilien ? Des demandes de traduction en japonais sollicitées par Nicolas, qui portaient sur des phrases a priori anodines : « J'ai un nouveau petit ami », « je partirai toute seule »… Problème, ces mêmes phrases se sont retrouvées dans les messages incohérents envoyés à la famille Kurosaki, quelques jours plus tôt, depuis le compte de Narumi. Bien que Zepeda s'en défende, le lien saute aux yeux.

Rina et Megumi réaliseront tard, trop tard, qu'elles ont été manipulées par leur ami Nicolas.

Le Sud-Américain oublie de s'entourer d'une ultime précaution, ajoutent les enquêteurs. En dépit de toute logique et contrairement aux proches de la Japonaise, terriblement inquiets mais cramponnés à l'espoir de la retrouver saine et sauve, Nicolas Zepeda ne cherchera jamais à contacter directement Narumi. Ni dans les jours, ni dans les semaines, ni dans les mois qui suivront sa disparition.

Parce qu'on n'appelle pas une morte.

III
L'impossible extradition

29

En cette fin d'année 2016, au Chili, Nicolas Zepeda reste serein. Et pour cause. Malgré le mandat d'arrêt international émis contre lui, les autorités de son pays ne bronchent pas.

Aucun coup de fil, aucune convocation, aucune interpellation.

La vie de ce jeune homme sans histoires ni antécédents judiciaires a repris un cours presque normal. Zepeda a retrouvé ses confortables habitudes, niché dans les étages d'un immeuble de Las Condes, quartier chic de Santiago, à l'abri derrière les vitres fumées de l'appartement familial.

Son répit est de courte durée : s'il n'a rien à craindre de la police, Nicolas sent vite sur sa nuque le souffle brûlant des journalistes nippons.

Après l'Europe puis l'Asie, l'attention médiatique bondit sur un troisième continent, l'Amérique du Sud. Mis sous pression, Nicolas finit par rejoindre ses proches à La Serena, ville balnéaire située à plus de quatre cents kilomètres au nord de la capitale chilienne. Une guerre d'usure s'instaure sans que le clan Zepeda cède aux micros tendus. Suivie de près par les caméras alors qu'elle promène son chien, l'une des sœurs de Nicolas exhibe même un tee-shirt floqué d'une mention *Fuck You* qui se passe de commentaires.

Nicolas Zepeda s'imagine fin stratège. Il finit par prendre les devants dans l'espoir de désamorcer les problèmes en remettant spontanément, le jeudi 29 décembre, une première version des faits au bureau d'Interpol à Santiago.

Dans ce récit de deux pages, Nicolas précise que « la situation inconfortable » générée par le départ en France de Narumi a provoqué, selon lui, « une rupture d'un commun accord ». S'il admet finalement l'avoir revue à Besançon, le Sud-Américain insiste : son séjour était avant tout motivé par « la visite d'universités européennes ». Ce n'est qu'après la réception d'un mail de son ex-petite amie, alors que lui venait d'atterrir à Genève, qu'il aurait changé ses plans pour « connaître la Franche-Comté » et, peut-être, « avoir un échange amical » avec la Japonaise. Nicolas oublie un détail parmi tant d'autres… Sa voiture de location, à Dijon, avait été réservée deux semaines plus tôt.

Zepeda livre un discours ciselé au mot près. Tout est pensé, pesé, soupesé. Le mis en cause a décortiqué l'ensemble des articles de presse liés à l'affaire et se contente apparemment, dans cet écrit, d'épouser les contours de ce qu'il croit connaître de l'enquête.

Oui pour le restaurant partagé avec Narumi à Ornans. Oui pour sa présence dans la chambre de la Japonaise. Oui pour les cris, « des gémissements d'amour », selon lui. Oui pour son départ nocturne via la sortie de secours… En reprenant à son compte une approximation publiée dans les médias, Nicolas commet au passage une faute grossière, en déclarant à Interpol n'avoir passé qu'une seule nuit dans la résidence Théodore-Rousseau. Et non deux, comme le prouvera l'exploitation ultérieure du tracker de son véhicule.

Nicolas Zepeda réécrit le film à son avantage, s'offrant une *happy end* trop belle pour être honnête. Sa nuit d'amour consommée, il devient le brave cow-boy qui, la conscience tranquille, s'évanouit dans le soleil couchant : « J'ai marché, pensif, me dirigeant vers le centre-ville, attendant que Narumi me contacte. Mais elle ne l'a jamais fait. »

Masque du mensonge greffé sur le visage, Nicolas Zepeda tient son rôle avec aplomb. Asahi TV, média dominant au Japon, exhume début 2017 une conversation écrite entre le Chilien et une amie souhaitant préserver son anonymat, qui s'inquiète de la disparition de Narumi. Nicolas assure que ces fausses accusations se résument à « une affaire médiatique ». Il évoque également sa compassion à l'égard de la famille Kurosaki. À tous ses proches, y compris ses parents, le suspect se pare de naïveté pour réciter le même refrain… C'est certain, Narumi va réapparaître.

Nicolas Zepeda est animé d'une puissante conviction : il se croit hors de danger, car hors de portée de la justice française. Il aurait tort d'en douter. Si des accords d'extradition existent entre les pays membres de l'Union européenne, la donne se complique dans le reste du monde, où chaque nation traite au cas par cas. Et aucune convention bilatérale ne lie le Chili et la France.

Les 3 et 4 janvier 2017, Nicolas échange avec son cousin, qui l'avait hébergé trois semaines plus tôt à Barcelone. *Je vais bien, j'ai le soutien de ma famille. Je suis tranquille*, le rassure-t-il avant de détailler sa pensée profonde : selon le cabinet d'avocats qui le conseille, aucune charge sérieuse ne pèse à son encontre. *Et aucun tribunal chilien ne livrera un ressortissant national pour être poursuivi à l'étranger*, ajoute Nicolas. Une opinion légitimée par les us et coutumes du droit international.

Pas l'ombre d'un interrogatoire, aucune incarcération, une extradition impossible, aucun procès à l'horizon. Pour Nicolas Zepeda, les nuages s'éloignent.

30

L'affaire bascule alors dans une nouvelle dimension. Le pur judiciaire, régi par la force de la preuve, s'efface au profit de considérations diplomatiques et politiques bien plus opaques, dont les enjeux dépassent le sort incertain d'une Japonaise lambda.

Au pied du mur, les autorités françaises refusent d'abdiquer sans combattre. Nicolas Zepeda est soupçonné d'avoir tué, il doit s'en expliquer. Le dossier atterrit sur les bureaux du ministère de la Justice, place Vendôme à Paris, et se maintient au-dessus de la pile. En coulisses, l'Élysée est également sensibilisée à la situation.

La tectonique des plaques diplomatiques se met en branle, avec un gouvernement japonais tout aussi actif. Bouleversé par la disparition de Narumi, le pays tout entier a soif de réponses. « L'affaire est très suivie au Japon, nous espérons que les autorités compétentes, françaises notamment, font de leur mieux. Le ministre des Affaires étrangères, Jean-Marc Ayrault, nous informe en temps réel », précise le porte-parole de la diplomatie japonaise, Masato Ohtaka, cité dans un article[1] du *Monde* paru le 17 janvier 2017. Une promesse renouvelée par la France au vice-ministre Kentaro Sonoura en personne,

1. « Le Japon en émoi après la disparition d'une jeune Japonaise à Besançon ».

onze jours plus tard, en marge d'une conférence pour la paix au Proche-Orient.

Sonoura s'envole dès le lendemain pour Santiago, où il s'entretient avec le ministre des Affaires étrangères chilien, Heraldo Muñoz, et le procureur général du pays, Jorge Abbott. Si leurs échanges sont policés par les codes diplomatiques, le message sous-jacent est limpide : le Japon, partenaire commercial de premier plan pour le Chili, accordera une attention toute particulière aux développements de l'affaire… La menace est à peine voilée.

À Santiago, les lignes bougent enfin. Un mois et demi après le début de l'enquête, l'ambassadeur de France transmet une note officielle au pouvoir chilien, réclamant le placement en détention préventive de Nicolas Zepeda en vue d'une éventuelle extradition.

La requête, plutôt rare, est tranchée dans la foulée par la Cour suprême. Le refus est catégorique, même si la plus haute juridiction du Chili opte pour une mesure symbolique qui fait mine de respecter les préoccupations françaises. Nicolas Zepeda a interdiction de quitter son pays durant deux mois. Une décision de façade. Déjà visé par un mandat d'arrêt international, le Sud-Américain n'aurait quoi qu'il en soit jamais pris ce risque.

Interrogé par France Bleu le 17 février 2017 à Santiago, le juge de la Cour suprême en charge du dossier, Jorge Dahm, partage ouvertement son scepticisme : « On accuse ce jeune homme de séquestration et d'homicide. Mais en France, à ce que je sache, le cadavre n'est pas apparu. Si on accuse cette personne, il faudrait au moins me donner un indice quant à l'endroit où se trouve le cadavre », se justifie le magistrat, en qualifiant l'enquête d'« un peu faible ». Le commentaire, cinglant, traverse l'Atlantique à la vitesse de l'éclair, giflant l'ego de David Borne et de ses collègues de la PJ.

Dix jours s'écoulent avant que Nicolas Zepeda, finalement convoqué par les autorités chiliennes, sorte de son trou. Vêtu d'une chemise d'un blanc immaculé, menton haut, torse bombé, visage de poupon rasé de près, regard planté droit devant lui, le jeune homme marche d'un pas résolu dans les rues de Santiago. Le Sud-Américain ignore superbement les caméras accrochées à ses basques.

Son audition ne dure qu'une poignée de minutes. Aucune question de fond ne lui est posée. Nicolas Zepeda garde le silence et ressort libre comme l'air, muet mais satisfait.

De l'autre côté de l'océan, le parquet de Besançon applique la méthode Coué. Rien n'est grave, tout va se débloquer, tout est encore possible, veut croire la procureure de la République du moment, Edwige Roux-Morizot. Le volumineux dossier d'instruction, assure-t-elle, serait en cours de traduction en espagnol. Les juges chiliens ne disposent que d'éléments sommaires, relativise la procureure, en promettant la transmission imminente d'une demande d'extradition.

Il n'en sera rien.

Les autorités françaises n'appuient pas sur le bouton rouge, aucun document n'est transmis, aucune demande n'est envoyée. Car en coulisses la stratégie a été drastiquement révisée. La Chancellerie sait que l'absence de corps compromet tout espoir d'extradition, il est donc urgent d'attendre… Attendre, et miser sur l'hypothétique découverte du cadavre.

Le Chili ne peut que constater cet immobilisme. Le 2 mars 2017, le juge Jorge Dahm convoque la presse pour recadrer le débat. « Une extradition, c'est une sollicitation d'un pays à un autre. C'est à la France d'envoyer les éléments quand elle le désire, tout de suite, demain ou jamais », rappelle le magistrat de la Cour suprême. Jorge Dahm réclame avant tout des preuves. Du concret. Sinon, prévient-il en toute transparence, « l'extradition ne se fera pas ».

Trois semaines plus tard, l'interdiction de sortie de territoire imposée à Nicolas Zepeda est levée. L'ex-compagnon de Narumi ne se hasardera pas à voyager à l'étranger, de peur qu'une nation moins frileuse exécute son mandat d'arrêt international, mais le symbole est fort : il est conforté par la justice de son pays, et aucune charge judiciaire ne pèse sur lui. Son impunité paraît totale.

La France réclamait l'incarcération immédiate de Nicolas Zepeda ? Sa cellule de prison mesurera environ sept cent cinquante mille kilomètres carrés, soit la superficie du Chili.

31

Où est le corps de Narumi Kurosaki ?

Cette interrogation se répète depuis de trop longues années comme un écho, assourdissante, obsédante, décourageante, pour se diluer dans un océan de conjonctures.

La police nationale a mobilisé d'énormes moyens – humains, techniques, logistiques, scientifiques – pour tenter de le localiser. Le commandant Christophe Touris était chargé de ces recherches. « J'ai l'impression qu'on a fait tout ce qu'il était possible de faire, et qu'on a fait le tour de la question », ressasse le policier, regard dans le vague. Christophe Touris se remémore « toutes ces nuits blanches » à tenter, mentalement, de se glisser dans les pas de Nicolas Zepeda, ce mardi 6 décembre 2016 à l'aube.

Comme tant d'autres, ce policier expérimenté est convaincu que le Chilien a abandonné le corps de sa victime quelque part près de Dole, une ville jurassienne de vingt-trois mille habitants. Tout le suggère. Et pourtant…

L'exploitation des antennes relais déclenchées par le suspect n'a permis, dans un premier temps, de ne déterminer qu'une zone trop vaste pour être méticuleusement quadrillée. Ce large périmètre incluait une partie de l'immense forêt de Chaux, un paradis de vingt-cinq mille hectares pour les chasseurs et les cueilleurs de champignons.

Une semaine après l'ouverture de l'enquête, une première

battue est organisée le long des rivières de la Loue et du Doubs, avec le renfort de chiens spécialisés. Il y en aura bien d'autres. Guidés par l'antenne de la PJ de Besançon, qui coordonne les recherches sous la houlette d'une juge d'instruction, les plongeurs des sapeurs-pompiers et de la gendarmerie multiplient les reconnaissances d'étangs et de rivières. Ils évoluent la plupart du temps à tâtons, un fil tendu à l'aveugle rasant le fond de l'eau, tant la visibilité est mauvaise. Leur mission s'étale sur plusieurs mois, secteur par secteur.

Au sein même du service de police judiciaire, le débat fait rage… Nicolas Zepeda a-t-il enterré, dissimulé ou immergé Narumi ? A-t-il brûlé son corps, l'a-t-il enfermé dans la fameuse valise ?

Dans le doute, toutes les hypothèses sont explorées.

L'effort des policiers se porte jusqu'au ciel. Un avion de la PAF (la Police aux frontières) fait un nombre suffisant de photos aériennes pour établir une cartographie détaillée, qui sert de base aux recherches. Un hélicoptère survole également les environs pour détecter d'éventuelles traces de combustion au sol, des taches noires, de la végétation calcinée. Tous ces « points chauds » sont vérifiés et correspondent, pour la plupart, à des travaux de bûcheronnage.

Quatre mois après la disparition de Narumi, démunie, la police tente deux nouveaux coups de poker.

Et si Nicolas Zepeda s'était débarrassé du corps dans une poubelle, sans que quiconque s'en aperçoive ? Soucieux d'écarter cette option, les enquêteurs ne reculent devant rien. Cap sur l'usine d'incinération de Besançon, conçue pour valoriser en énergie thermique les ordures ménagères de l'agglomération. La totalité des résidus de déchets calcinés ces derniers mois, appelés mâchefer, est encore stockée dans un hangar.

À affaire exceptionnelle, mesures exceptionnelles… Une

machine spéciale est acheminée de Lyon, à deux cents kilomètres de là, pour passer au tamis cette masse informe et noire, dans l'espoir d'isoler de possibles ossements ayant résisté au brasier de l'incinérateur. Policiers, médecins légistes et techniciens de l'usine enfilent blouses blanches, masques et gants. L'ambiance est surréaliste. Le site de stockage devient une salle d'autopsie géante. Godet par godet, la machine trie « les grains » inférieurs à quarante-cinq millimètres de diamètre. Près de huit cents tonnes de mâchefer sont tamisées. Des centaines de fragments d'ossements sont repérés, disposés à l'écart sur de grandes bâches bleues, puis analysés par les légistes : l'origine de chacun est certifiée 100 % animale.

Qu'à cela ne tienne. Préparée de longue date par la PJ, une nouvelle battue XXL permet de ratisser la zone suspecte proche de Dole. Des heures durant, une centaine de policiers venus de Besançon, Dijon et Montbéliard quadrillent le terrain à deux mètres les uns des autres, à l'affût du moindre indice. Mis à disposition par les gendarmes, les chiens spécialisés dans la recherche de cadavres complètent le dispositif. Les cœurs se mettent à battre fort, quand une masse en décomposition est aperçue au fond d'un trou naturel. Une simple biche.

Où se trouve la dépouille de Narumi Kurosaki ? Sait-on jamais… Les chasseurs et les pêcheurs du coin sont priés d'ouvrir l'œil. Les spéléologues locaux sont également requis par la juge d'instruction pour fouiller une grotte voisine. Nouvel échec.

Le temps file entre les doigts crispés des enquêteurs.

Narumi pourrait se trouver n'importe où.

32

Octobre 2017 : dix mois que la police remue ciel, terre et eau pour retrouver le corps de l'étudiante japonaise.

Frustré, Christophe Touris fulmine. Les recherches sont basées sur les données de téléphonie extraites du tracker qui équipait la voiture louée par Nicolas Zepeda. Problème, les données géographiques transmises par l'opérateur sont trop imprécises. L'enquêteur le relance et la chance, pour une fois, sourit aux policiers : grâce à des processus d'analyse novateurs, de nouveaux relevés sur l'itinéraire de Nicolas Zepeda en ce matin du 6 décembre 2016 sont fournis à la PJ. Le périmètre s'affine enfin, pour se restreindre à cinquante kilomètres carrés entre Dole, Choisey et Parcey.

Le 30 novembre 2017, la procureure de la République de Besançon, Edwige Roux-Morizot, convoque la presse pour annoncer la nouvelle. Les médias nippons dépêchent à nouveau leurs envoyés spéciaux dans le Doubs. Au Japon, personne n'a oublié le visage de Narumi.

L'affaire va-t-elle enfin rebondir ?

Dès le lendemain, la PJ sollicite *L'Est républicain* pour diffuser un appel à témoins complémentaire, photo à l'appui. *Cette démarche cible non pas une personne, mais un objet. En l'occurrence, une grosse valise orange de soixante-dix à quatre-vingts centimètres de hauteur environ. Celle-ci appartenait à Narumi Kurosaki. Sa famille a transmis aux autorités françaises une photo*, écrit le journaliste. Ce bagage, introuvable, est au cœur de l'énigme.

Sur le terrain, les recherches sont plus actives que jamais. Alors qu'ils inspectaient une station d'épuration, Christophe Touris et son collègue David Borne pensent toucher au but. À quelques centaines de mètres de distance, au fond d'un bosquet, les policiers repèrent un monticule de terre surplombé d'une croix sommaire bricolée avec deux branches. Leurs regards s'illuminent. Ils savent que Nicolas Zepeda est catholique.

La tombe improvisée. L'endroit. Le symbole religieux. Tout fait sens. David Borne court jusqu'à la station récupérer pelles et pioches. Les policiers prennent quelques clichés et se mettent à creuser, fébriles. Ils mettent au jour un cadavre. Celui d'un chien.

Lentement mais sûrement, l'espoir né de cette nouvelle vague de battues et de vérifications s'amenuise. Il faut se rendre à l'évidence : les enquêteurs sont en échec.

En juin 2018, la procureure de la République est en passe de rendre les armes. « C'est forcément une déception, pour l'information judiciaire bien sûr, mais surtout pour la famille de Narumi », confie-t-elle à la presse locale.

Les policiers sont longtemps restés ouverts à d'autres scénarios, qui à l'inverse des conclusions logiques de l'enquête auraient éloigné Narumi du Jura. Le patron et la serveuse d'un bar-tabac de Verdun – à quatre heures de route de Besançon – sont par exemple persuadés d'avoir accueilli l'étudiante fin décembre 2016, bien après la sinistre nuit des cris. « Elle pleurait, elle pleurait… Je me suis mise en face d'elle, je lui ai tenu la main. On voyait qu'elle était en souffrance totale… Je sais très bien que c'était cette gamine-là », affirme l'employée face aux caméras de France 3 en évoquant un grain de beauté caractéristique sur le visage. La PJ procède à des vérifications et retrouve la cliente d'origine asiatique. Rien à voir avec Narumi.

Dans les jours qui suivent, nouveau frémissement. Le corps carbonisé d'une fille là encore asiatique, non identifié, vient d'être découvert en Belgique. Son âge estimé colle, entre 18 et 25 ans. Son ADN est envoyé à Besançon pour le comparer à celui de Narumi… Le prélèvement ne matche pas.

Les fausses pistes se suivent et se ressemblent. Coup de fil de la gendarmerie : les restes d'un feu et un bidon de cinq litres, semblable à celui que Zepeda avait acheté, sont repérés à quinze kilomètres du campus bisontin. Un témoin assure avoir distingué au fond de l'eau une masse sombre. Un corps ? Les plongeurs remontent un panneau de signalisation.

Deux années plus tard, alors que tout semble perdu, énième électrochoc. Un squelette partiel est découvert par des chasseurs dans le lit du Doubs, en aval du pont de Molay. Toute la scène est figée par les techniciens en blouses blanches de l'identification criminelle. Cette fois, oui cette fois, tout concorde. « On a foncé sur place, on y a vraiment cru », confiera Christophe Touris. L'examen attentif de la dentition, constellée de bridges, douche les ardeurs. Les ossements sont ceux d'une octogénaire qui s'est jetée à l'eau neuf mois plus tôt.

Le mystère Narumi agite les esprits jusqu'à basculer dans l'irrationnel. Août 2020. Deux médiums, un père et sa fille, proposent leurs services. Dans une lettre manuscrite adressée à la juge d'instruction, les radiesthésistes assurent avoir localisé Narumi grâce à leurs pendules en suspension au-dessus d'une carte IGN. Son corps reposerait en forêt de Chaux.

La juge Poinsard se laisse tenter… Les médiums se rendent sur place séparément. Le premier désigne aux policiers un amas de branchages. Les baguettes de sourcier de sa fille, elles, penchent obstinément vers une petite clairière. Sur le premier site, à la force des bras, les policiers creusent à cinquante centimètres de profondeur. La clairière, elle, est inspectée par un agent de l'ONF (l'Office national des forêts) muni d'appareils de sondage. Le sol ne renferme aucun secret.

Même les pendules sont impuissants.

Nul ne peut déterminer si Narumi Kurosaki a été brûlée, dissimulée, immergée. Christophe Touris a sa conviction : le seul à connaître la vérité se nomme Nicolas Zepeda, martèle-t-il. Le commandant de police mise sans sourciller sur l'hypothèse d'un corps jeté dans le Doubs, soit emprisonné dans cette valise transformée en cercueil aquatique, soit librement abandonné aux caprices des flots.

Quoi qu'il en soit, la rivière n'a jamais rendu Narumi.

33

Ils ont été les premiers, puis les derniers à croire à un miracle. Mais sans corps pour comprendre, sans corps pour accepter, sans corps pour se recueillir, comment faire admettre aux proches de Narumi que leur cauchemar est réel ?

Taeko, Koji, Honami et Kurumi Kurosaki se sont effondrés à l'annonce de sa disparition brutale. L'incompréhension, l'absence, le vide, l'inconnu sont autant de pierres qui les emmurent dans une prison intérieure.

L'amour aveugle d'un parent ou d'une sœur sera toujours plus puissant que les conclusions d'une enquête menée à l'autre bout du monde, dans un pays étranger dont on ne sait rien. Coupée de l'insoutenable réalité, la famille Kurosaki a longtemps espéré. Espérer pour ne pas sombrer. Espérer pour survivre. Espérer jusqu'à preuve du contraire.

Dès le début de l'enquête, fin 2016, la détresse des proches de Narumi est un chantier à ciel ouvert, une plaie béante qu'aucune parole rationnelle ne peut apaiser. Cette disparition inexpliquée – et les terribles accusations portées contre Nicolas Zepeda – ronge Taeko Kurosaki, son ex-mari et leurs filles comme un poison. Assaillie de noires pensées, la mère de Narumi perd toute raison et toute attache avec le monde des vivants. « Jusqu'à m'enfermer dans une chambre, dans le noir complet, et me rouler par terre », raconte-t-elle.

Le foyer des Kurosaki est en crue, noyé par les larmes

d'angoisse, mais jamais au grand jamais la fatalité n'est affrontée frontalement. Narumi a disparu, mais elle est encore vivante, enlevée, séquestrée, oubliée quelque part.

Trois mois après le dernier signe de vie de l'étudiante, Taeko, Honami et Kurumi trouvent l'énergie nécessaire pour se rendre à Besançon. Un voyage prévu de longue date. « Je pouvais à peine marcher, mais c'était un projet de ma fille et je ne pouvais pas le gâcher », justifie la mère de Narumi.

Le cœur lourd, Arthur del Piccolo les accueille puis les guide dans cette ville inconnue, sur les traces évanescentes de Narumi. Ses proches veulent découvrir où elle logeait, apercevoir l'endroit où elle étudiait, déambuler là où elle déambulait, manger ce qu'elle mangeait, respirer l'air qu'elle respirait. Leur séjour est éprouvant. Arthur s'effondre en pleurs quand Taeko Kurosaki lui présente le portrait de sa fille qu'elle garde jour et nuit plaqué contre sa poitrine, presque greffé à sa peau.

Telles trois ombres à la dérive, la mère et les deux sœurs s'attardent sur le campus et se recueillent sous la fenêtre de la chambre 106, dont l'accès a été condamné par la police. Les trois femmes demeurent un instant immobiles, silencieuses, bras ouverts. Nourri par la spiritualité nippone, le rituel des Kurosaki est censé convoquer l'âme de la disparue pour la « ramener » sur le droit chemin, jusqu'au Japon.

Car, quelque part, Narumi respire encore. Il le faut.

34

Sans nouvelles de Narumi, Taeko Kurosaki et son ex-conjoint Koji finissent par se persuader d'un scénario improbable : leur fille a été kidnappée par Nicolas Zepeda.

Déterminés à la sauver, père et mère nouent un pacte. Ils réunissent leurs maigres économies et, au cours de cette année 2017, s'envolent à deux reprises au Chili, une mission commando dont ils ne parlent à personne.

À Santiago, tous deux font le siège de l'immeuble où loge Nicolas Zepeda matin, midi et soir, afin d'y épier le moindre mouvement. De l'extérieur, Taeko et Koji retiennent leur souffle en distinguant l'ombre d'une silhouette se mouvoir derrière un rideau. Peut-être Narumi, imaginent-ils. Leur aînée introuvable est forcément séquestrée dans cet appartement. Ses parents, désespérés, vont jusqu'à se glisser sous les fenêtres pour l'appeler par son prénom – « Narumi, Narumi ! » – en priant pour qu'elle les entende et réponde.

Les parents Kurosaki tentent également d'apercevoir Zepeda, bien qu'ils craignent des représailles de sa part. « C'était mon devoir en tant que mère, assume Taeko Kurosaki, je voulais voir avec quelle "gueule" Nicolas Zepeda continuait à vivre au Chili. Et un jour, je l'ai retrouvé. » Elle décrit une scène de film : « Il marchait à pas vifs, l'air heureux et épanoui. Je l'ai suivi. Au milieu d'un pont, nous nous sommes retrouvés face à face. Il avait l'air surpris. Il m'a regardée fixement pour vérifier qu'il s'agissait de moi. Après m'avoir dévisagée, il a baissé les yeux et continué son chemin pour m'éviter, avant de disparaître dans la foule. » De Narumi, aucune trace tangible. « J'ai bien vu que ce jour-là il était seul, mais cela ne m'a pas fait abandonner tout espoir. »

De retour au Japon, Taeko Kurosaki plonge pourtant dans un gouffre sans fond. Les deux sœurs de Narumi se relaient au chevet de leur mère, qui tente à plusieurs reprises de se suicider. L'idée d'une Narumi saine et sauve devient un mantra salutaire, leur bouée de sauvetage, leur unique horizon. Toute la famille Kurosaki, brisée, vacille au bord du précipice.

Le silence de Narumi se prolonge depuis un an, quand le consul général du Japon à Strasbourg adresse un épais courrier à la juge d'instruction, Marjolaine Poinsard. Cette lettre regroupe des observations manuscrites des parents de la disparue. Les Kurosaki retracent sur des dizaines de pages l'histoire de Nicolas et Narumi, leur rencontre, leur relation, leurs disputes, en espérant que ces détails éclairent les investigations.

La famille implore la justice française de reconsidérer sa position si fataliste. « La mère de Narumi ne vit plus que sur la conviction que sa fille est toujours en vie et sur sa haine de Nicolas le criminel », écrit le père dans ce courrier, avant de formuler une menace de vengeance à peine voilée visant Zepeda : « Je vous demande de bien vouloir enquêter sur l'éventualité que Narumi soit toujours en vie. Sinon, nous devrons faire payer par nous-mêmes l'offense qui nous a été faite, et notre famille n'aurait plus aucun moyen de trouver l'apaisement. »

En juin 2018, les parents de Narumi et l'une de ses sœurs, Honami, sont conviés à Besançon par la juge d'instruction. L'entrevue vire au psychodrame lorsque l'interprète traduit trop brutalement les propos de Marjolaine Poinsard, qui listait alors les indices accablant Nicolas Zepeda. Taeko Kurosaki tremble au milieu du bureau, tente de se lever de sa chaise puis s'effondre, victime d'un malaise. Une prise en charge médicale est nécessaire.

Quand l'audition reprend, une heure plus tard, les proches de Narumi restent sourds aux évidences égrenées par Marjolaine Poinsard et réfutent toute idée d'homicide. « Je ne l'accepte pas. Je pense que ma fille est toujours en vie, je vais la chercher de mon côté », maintient Taeko Kurosaki.

Six mois plus tard, le parquet de Besançon annonce la fin des recherches du corps de Narumi. Une annonce inadmissible pour la famille. L'avocate des Kurosaki, maître Sylvie Galley, relaie leurs paroles dans une interview accordée à *L'Est républicain*[1] le 20 novembre 2018. « Ils sont absolument effondrés. Pour eux, il est intolérable et inconcevable de cesser de rechercher leur fille. C'est comme s'ils l'abandonnaient », décrypte la pénaliste, admettant avec pudeur « le déni absolu » de ses clients à la moindre évocation de la mort de Narumi.

Dans les mois qui suivent, Taeko et Koji Kurosaki se rendent une troisième, puis une quatrième fois au Chili, traquant sans relâche le fantôme de leur fille disparue.

Deux silhouettes hésitantes, égarées au pied d'un immeuble impénétrable. Deux parents anéantis, piégés dans un deuil impossible.

1. « La famille de Narumi brise son silence : “J'en appelle au ministère des Affaires étrangères” ».

35

On les appelle les « Johatsu », comprenez « les évaporés ». Chaque année au Japon, selon des chiffres officiels sans doute minorés, près de quatre-vingt mille personnes planifient leur disparition volontaire. Ce phénomène déconcertant n'épargne aucune génération ni classe sociale.

Choix par défaut, ces évaporations puisent leurs racines dans la misère économique, psychologique et sociale qui asphyxie certains citoyens japonais. Forgée sur les débris d'une crise économique majeure survenue en 1990, la société nippone est exigeante, sans pitié pour l'échec. Dans ce pays complexe, écartelé entre modernité et traditions, l'harmonie du collectif prévaut sur tout bonheur individuel.

La mentalité japonaise s'appuie sur deux piliers fondamentaux, le Giri et le Haji. Le Giri renvoie au sens du devoir, à la loyauté, à l'obligation morale qui guident toutes relations sociales, y compris au sein de la cellule familiale, quand le Haji induit la honte, la perte d'honneur, l'indignité. Toute la société nippone oscille entre ces deux pôles. L'équilibre est fragile. Il se rompt si le Giri fait défaut, submergé par le Haji. La disgrâce devient alors insupportable, surtout qu'elle rejaillit forcément sur la famille, les amis, les collègues… Au Japon, même la honte se partage.

La pression sociale, maximale, s'impose à celui qui a failli. Les Johatsu fuient au sens propre un quotidien devenu impossible à assumer moralement. Endettement, dépression, déroute professionnelle, désillusion amoureuse, santé déclinante, violences intrafamiliales : les raisons sont multiples mais conduisent toutes à cette même extrémité, seule option en dehors du suicide. Déshonorés, désespérés, désargentés, les évaporés préfèrent rallier cette armée de l'ombre, en quête d'un hypothétique renouveau, plutôt que d'affronter le regard de leurs pairs ou de jeter l'opprobre sur leurs proches.

Dans l'archipel, disparaître en pleine lumière est étonnamment aisé, comme l'explique Hiroki Nakamori[1], sociologue expert en la matière. « Il est facile de s'évaporer car la vie privée est farouchement protégée : les personnes disparues peuvent librement retirer de l'argent aux distributeurs automatiques sans être repérées, et les membres de leur famille n'ont pas accès aux vidéos de sécurité qui pourraient avoir filmé leur proche en fuite. La police n'interviendra pas, à moins qu'il n'y ait une autre raison, comme un crime ou un accident. Tout ce que la famille peut faire, c'est payer cher un détective privé. Ou attendre. »

Un business déroutant accompagne cette pratique, ancrée dans la culture nationale depuis plusieurs dizaines d'années. Des entreprises spécialisées baptisées « yonige-ya » – qu'on peut traduire par « déménageurs de nuit » – proposent pour quelques milliers d'euros de transporter bagages et meubles en toute discrétion, dans n'importe quel lieu. En bonus, et en toute légalité, ces sociétés proposent également des logements secrets.

Ceux qui n'auraient pas les moyens de s'offrir de telles prestations, très onéreuses, peuvent se rabattre sur des livres en vente libre dans le commerce. « L'évaporation parfaite :

1. *Paris Match,* « Que sont devenus les "évaporés" du Japon ? », 18 décembre 2021.

reprenez votre vie à zéro » ou « Le manuel complet de la disparition » font par exemple œuvre de pédagogie… Le 23 juin 2023, l'émission *Reporters* de France 24 a consacré un long reportage[1] aux Johatsu. La première séquence est rythmée par des pleurs discrets, ceux des parents de Makiko. Du jour au lendemain, cette jeune Japonaise s'est évanouie dans la nature. Elle avait 21 ans, l'âge de Narumi au moment de sa disparition.

La caméra filme une chambre d'adolescente remplie de cartons, de peluches, de fournitures scolaires, de puzzles et de cadres aux murs. Quatre ans après l'évaporation de Makiko, ses parents n'ont toujours pas le courage de vider cette pièce, théâtre de leurs fréquents sanglots lorsqu'ils viennent s'y recueillir. « Tout est resté comme c'était, le temps s'est arrêté ici », témoigne le père. Une bulle spatio-temporelle qui rappelle la chambre 106 de la résidence Théodore-Rousseau, à Besançon, où l'ensemble des affaires de Narumi Kurosaki demeurent tout aussi intactes, fossilisées par les scellés judiciaires apposés sur la porte.

Certaines similitudes sont déconcertantes. Makiko n'a rien emporté, laissant derrière elle son sac, son portefeuille, son téléphone et sa clé, ornée d'une figurine de manga. Une rupture sentimentale récente faisait également partie de l'équation. Mais contrairement à Narumi, Makiko souffrait de troubles psychologiques. Autre différence fondamentale, ses parents ont découvert une lettre d'adieu, poignante, qui expliquait son départ définitif.

Narumi Kurosaki serait-elle une Johatsu ?

Nicolas Zepeda veut en persuader la terre entière.

Le scénario narré par le Chilien fait état d'un rapport sexuel consenti avec Narumi, laquelle aurait ensuite été assaillie de remords. La honte d'avoir trompé Arthur del Piccolo – le

1. « Qui sont les "évaporés", ces disparus volontaires au Japon ? »

fameux Haji – l'aurait alors poussée, peut-être, sans doute, certainement, à s'évaporer…

Plausible en théorie, cette piste ne résiste ni aux évidences de l'enquête, ni à l'examen de la personnalité de Narumi. Sa professeure de français au CLA de Besançon, Nicole Poirie, se souvient d'avoir évoqué cette hypothèse avec une collègue « qui connaît bien la culture japonaise ». L'enseignante est catégorique : « Ces évaporés vont se cacher. Narumi ne se cachait pas, elle était en pleine forme. » Famille, amis, camarades d'étude, policiers et magistrats sont unanimes : tous partagent cet avis.

La jeune étudiante, heureuse, amoureuse, ambitieuse, avait noirci son agenda de projets divers et variés. Aussi occidentale qu'elle ait pu être à certains égards, Narumi restait bercée par les traditionnelles valeurs du Giri, telles que le respect absolu des liens familiaux. Jamais l'aînée n'aurait infligé à ses parents et ses sœurs une pareille épreuve sans laisser, a minima, une lettre de justification.

La présence dans son studio de son argent liquide, de son seul manteau et de toutes ses affaires ne plaide pas en faveur de la version défendue par Zepeda… Au cœur de cette nuit d'hiver, Narumi ne s'est pas évaporée par choix, insistent les enquêteurs de la PJ. Elle ne s'est pas non plus suicidée, sans quoi son corps aurait été facilement retrouvé.

Selon le scénario soutenu par la police, Nicolas Zepeda se trouvait dans la chambre 106 quand Narumi a rendu son dernier souffle. S'il avait voulu crédibiliser cette fable de disparition volontaire, le suspect aurait pu prendre un risque supplémentaire : rédiger un faux message d'adieu.

Y a-t-il songé ? Peut-être.

S'est-il abstenu par dépit, conscient que son niveau de japonais transformerait l'initiative en fiasco ? C'est possible.

36

Pour beaucoup, le Chili se résume à un nom. Pinochet.

L'ombre du général a noirci l'âme du pays durant dix-sept ans, du coup d'État fomenté contre Salvador Allende le 11 septembre 1973, avec l'appui souterrain des États-Unis, jusqu'au repli officiel de son régime dictatorial en 1990.

Les méthodes d'Augusto Pinochet – chantages, enlèvements, séquestrations, viols, tortures et exécutions clandestines – ont traumatisé toute la nation et, au-delà, le monde entier. Ses « caravanes de la mort » sillonnaient le pays pour traquer ses opposants et écraser, dans la terreur, toute idée de résistance. Le bilan des dérives meurtrières orchestrées par la DINA[1], la police militaire de Pinochet, est estimé à trois mille deux cents assassinats, trente-huit mille personnes torturées et des centaines de milliers de citoyens exilés de force.

Les agents de la DINA avaient développé un sinistre talent : faire disparaître leurs victimes à l'abri des regards. Emprisonnées un jour, évaporées pour toujours. Un demi-siècle plus tard, mille cent cinquante destins d'opposants au régime restent inconnus, ce qui ouvre un abîme de détresse dans le cœur de leurs familles. Aujourd'hui encore, certains proches ou descendants sont réunis en associations et se battent sur tous

1. La Direction nationale du renseignement (Dirección de inteligencia nacional, en espagnol).

les plans, médiatique, juridique, culturel, pour vaincre l'oubli et obtenir des réponses. Une lutte souvent vaine.

Sans nouvelles de Narumi, la famille Kurosaki affronte un dilemme identique.

Face à cette problématique de crime sans corps, le Chili n'est pas un pays comme les autres. Depuis quelques années, le peuple et ses institutions s'imposent un réel examen de conscience, aussi douloureux, tardif et incomplet soit-il, mais les blessures infligées par Augusto Pinochet restent profondes. Et obsédantes. Le Chili fait penser à ces êtres amputés que leur membre fantôme continue de faire souffrir.

Lâché par les USA à l'amorce des années 1990, Pinochet a su se retirer à temps, négociant une amnistie pour lui et ses sbires, trop longtemps intouchables. S'il a fini par être arrêté à Londres, puis poursuivi dans son pays natal pour certains faits, aucune condamnation n'a été prononcée à son encontre. Augusto Pinochet n'a jamais été, non plus, rattrapé par les remords. « Je ne compte pas demander pardon à qui que ce soit. C'est aux autres de me demander pardon, les marxistes, les communistes[1] », martelait-il encore en 2003. Il est décédé trois ans plus tard sur un lit d'hôpital militaire. Libre.

Dans l'imaginaire collectif, et ce quel que soit le pays, l'absence de cadavre et donc de certitudes semble exonérer le coupable de toute responsabilité pénale. C'est encore plus vrai au Chili. Nicolas Zepeda a été bercé par cette croyance. Inconsciemment, elle le renforce sans doute dans son sentiment de totale impunité. Pas de corps, pas de crime, pas de prison. Tant que la police française ne retrouve pas Narumi Kurosaki, pourquoi s'inquiéter ?

1. *Le Monde*, « Augusto Pinochet : “Demander pardon ? À qui” ? », 25 novembre 2003.

Face aux exactions de la DINA, le poids du silence, de la honte et du temps qui passe complique le travail de la justice chilienne. Des exceptions existent, rares mais fortes en symbole. Peu de temps après la disparition de Narumi, la Cour suprême du Chili a condamné trente-trois ex-agents de Pinochet pour le meurtre de cinq jeunes communistes. Aucun n'a été retrouvé, mais l'enquête a pu démontrer que leurs corps avaient été, trente ans plus tôt, jetés depuis un hélicoptère dans l'océan Pacifique. Cette décision ne ramènera pas ces cinq victimes, mais au Chili la chape de plomb commence à se lézarder.

Il existe à Santiago un Musée de la mémoire. Fin janvier 2017, un mois après l'émission du mandat d'arrêt international contre Nicolas Zepeda, François Hollande l'a visité en grande pompe. Le président de la République française était alors en voyage officiel, soucieux de renforcer les liens entre deux « pays amis ». Il a été reçu par son homologue chilienne et socialiste Michelle Bachelet. Nul ne sait si leurs proches conseillers, à huis clos, ont évoqué les tenants et aboutissants diplomatiques de l'affaire Narumi.

Dans son discours, François Hollande s'est attardé sur les horreurs de l'ère Pinochet : « Voir tous les visages de ces suppliciés, de ces torturés, de ces victimes était pour nous un moment intense d'émotion. La France mettra à la disposition du Chili ses propres archives, pour que la vérité soit pleinement établie sur cette période[1]. » Car elle ne l'est pas. Aucunement. Ni en 2017, ni même six ans plus tard, en 2023, lorsqu'un « Plan national de recherche des disparus de la dictature » est lancé en grande pompe par l'État chilien.

« La justice a trop tardé », appuie son nouveau président Gabriel Boric, en fonction depuis 2022. Cette noble intention

1. Source : Archives du site Internet de l'Élysée.

se heurte à un constat amer : l'armée, toute-puissante, n'est pas tenue de déclassifier de ses archives les secrets de la DINA. La conscience nationale du Chili demeure écorchée vive. Deux décennies après la mort d'Augusto Pinochet, sa personnalité, ses idées, sa vision et son héritage politique imprègnent toujours certaines strates de la société chilienne.

Dans cette nation écartelée entre effort d'introspection et culture du tabou, le travail de mémoire n'est pas abouti. Et le passé l'emporte souvent sur la justice.

Face à ce Chili hanté par les fantômes de Pinochet, une interrogation s'impose. Comment un pays incapable de juger de tels crimes contre l'humanité, sous prétexte que des corps manquent à l'appel, pourrait-il accorder le moindre crédit à l'étrange disparition d'une jeune Japonaise, à des milliers de kilomètres de distance ?

37

Quand Étienne Manteaux reprend l'affaire en main, tous les voyants sont au rouge.

Ce magistrat expérimenté, réputé pour son énergie communicative et son optimisme à toute épreuve, est nommé procureur de la République de Besançon courant 2018. Étienne Manteaux se plonge aussitôt dans les rouages de la procédure, aussi complexe soit-elle. Il en ressort effaré. « Je constate que les éléments de culpabilité sont écrasants. Je me rends aussi compte que plus rien n'évolue, alors que 95 % du travail a été fait », révèle Étienne Manteaux. La dernière étape à franchir ? Interroger Nicolas Zepeda sur les faits. Une vision partagée par la juge d'instruction Marjolaine Poinsard, déterminée à tout tenter malgré les vents contraires.

Leur ambition, légitime, se heurte à un obstacle majeur. Abrité au Chili, Nicolas Zepeda est hors d'atteinte. Marjolaine Poinsard ose alors un ultime coup de poker, en abattant la carte de « l'entraide pénale internationale ». Il est proposé aux autorités chiliennes d'organiser, sur leur sol, l'interrogatoire de Nicolas Zepeda et de sa famille proche. Cette bouteille jetée à la mer s'offre un aller-retour express à travers l'Atlantique, avec à la clé une surprise : le souhait de la juge bisontine sera exaucé. « C'était inespéré », se souvient Étienne Manteaux.

La justice française ne veut pas laisser passer sa chance. À situation exceptionnelle, moyens exceptionnels : une délégation judiciaire composée du procureur, d'une juge d'instruction et de deux enquêteurs de la PJ de Besançon, David Borne et Christophe Touris, s'envole pour le Chili. Le quatuor est porteur d'une mission officielle, d'une mission officieuse et d'une arrière-pensée… L'officielle : guider la main et la voix des magistrats chiliens, chargés d'interroger eux-mêmes Nicolas Zepeda. L'officieuse : plaider la solidité du dossier auprès de certains interlocuteurs à Santiago, afin de creuser un sillon favorable à la suite des événements. L'arrière-pensée : gonfler la médiatisation et donc l'intérêt de l'opinion publique chilienne, pour éviter que le cas de Nicolas Zepeda, à qui on prête des soutiens de poids, soit glissé sous le tapis…

Le défi est de taille. Il est surtout crucial pour l'avenir de l'affaire Narumi.

Malgré cette main tendue par le Chili, les grimaces sont de mise. Jamais l'hypothèse d'une extradition de Nicolas Zepeda n'a paru aussi compromise… Sur le front diplomatique, difficile en effet d'imaginer pire timing. Trois mois plus tôt, la cour d'appel de Paris a refusé l'extradition – réclamée par le président chilien en personne – d'un dénommé Ricardo Palma Salamanca. En exil depuis vingt ans à la suite d'une évasion par hélicoptère, ce guérillero communiste était un farouche opposant de Pinochet. Salamanca avait écopé d'une peine de prison à perpétuité pour l'assassinat de Jaime Guzmán, grande figure de la junte militaire, abattu en 1991 à l'aube de la transition démocratique.

La France lui a accordé un statut de réfugié et, au Chili, la pilule est difficile à avaler. Le président d'alors, Sebastián Piñera, dont la proximité avec certains partisans de Pinochet est assumée, qualifie cet asile politique d'« erreur ». À Santiago, l'ambassadeur de France est convoqué pour s'en expliquer.

Alors que les magistrats et les policiers de Besançon

s'apprêtent à atterrir au Chili, les crispations entre Paris et Santiago sont latentes. Le procureur Manteaux veut néanmoins « tout tenter », répète-t-il, pour traîner Zepeda devant une cour d'assises. La délégation française n'embarque pas dans son avion les mains vides. Une liste de quatre-vingt-quinze questions a été préparée avec la précision d'un orfèvre : elle reprend, une à une, l'ensemble des charges accumulées à l'encontre de Nicolas Zepeda. Sur cette vingtaine de pages se concentrent trois ans d'un travail acharné. Trois ans de traque à distance.

Le mis en cause sera-t-il ébranlé en découvrant la qualité de cette enquête, qu'il a toujours mésestimée ?

Pour les proches de Narumi, une nouvelle mais minuscule lueur danse au bout du tunnel. « Un nouvel espoir, abonde leur avocate maître Sylvie Galley, celui d'enfin voir surgir la vérité, aussi terrible soit-elle, même si l'angoisse continue de cerner leurs pensées… Ils redoutent d'apprendre ce qui a pu se passer, mais redoutent tout autant que Nicolas Zepeda reste dans le déni[1]. »

Voilà vingt-neuf mois que la famille Kurosaki souffre de l'absence de Narumi.

1. Vidéo de *L'Est républicain,* « La famille de Narumi portée par l'espoir de révélations », mise en ligne le 26 novembre 2019, avant l'interrogatoire clé du suspect au Chili, sur le site Internet du journal.

38

Notre-Dame brûle. Ce lundi 15 avril 2019, les yeux écarquillés du monde entier sont rivés sur Paris, frappé en plein cœur. Les images de la cathédrale en feu défilent sur tous les écrans de la planète. Au Chili, nation baignée par le catholicisme, l'opinion publique se laisse malgré tout distraire par une autre actualité, peu ordinaire. Elle aussi concerne la France.

À Santiago, les médias ont mordu à l'hameçon. Au lendemain de l'incendie de la cathédrale, l'atterrissage de ces quatre magistrats et policiers français agite les journalistes chiliens et leurs confrères japonais. Une attention pesante, qui se fait ressentir dès leur arrivée à l'aéroport. « Agacés par l'absence de communication officielle sur les investigations en cours, certains journalistes sont en poste devant leur hôtel dès l'aube, avec une moto à disposition pour suivre à la trace le van de la délégation », rapporte l'envoyé spécial de *L'Est républicain*[1]. Un traitement de « rockstars », s'étonne le journal.

Lors d'une conférence de presse organisée dès le premier jour, le procureur Étienne Manteaux fait monter la température. Très bon orateur, il capte aussitôt l'attention de son auditoire. « Nous soupçonnons très clairement Nicolas Zepeda d'être à l'origine de la disparition de Narumi Kurosaki »,

1. « Le Chili lui aussi captivé par l'affaire Narumi », 19 avril 2019.

insiste-t-il, sans dévoiler le détail des preuves accumulées à son encontre.

Le lendemain, le suspect est attendu au palais de justice de Santiago. Libre de ses mouvements, viendra-t-il ? S'expliquera-t-il ?

Les médias amassés devant le sas d'entrée du tribunal sont fébriles. Sous un soleil de plomb, la matinée défile sans que Nicolas apparaisse… Une confusion s'installe quand l'information finit par filtrer : l'homme du jour s'est en réalité déjà glissé dans les entrailles de cet immense château de verre, quelque part dans les étages. De toute évidence, Zepeda a pu s'introduire incognito dans le palais de justice par une porte dérobée, normalement réservée au personnel.

Ce traitement de faveur fait grincer quelques dents, y compris parmi les journalistes chiliens, qui assurent sur place « n'avoir jamais vu ça ». Les circonstances du départ de Zepeda, aux environs de midi, n'apaisent rien : le mis en cause préfère s'éclipser par l'arrière du bâtiment pour s'engouffrer dans la rutilante Porsche de ses avocats, alors qu'accourent vers eux de nombreux journalistes avides d'images et de réactions. Sans un mot pour la meute qui encercle son bolide aux cris de « Nicolas, Nicolas ! », l'ex-compagnon de Narumi reste impassible sur la banquette arrière. Un inatteignable Sphinx. La Porsche noire finit par accélérer pour se dégager de l'étau, coursée par une poignée de courageux cameramen.

La scène frappe les esprits. Symboliquement, elle dit beaucoup. « La morgue des puissants est à l'œuvre », résume le procureur Manteaux.

Dans le huis clos de son interrogatoire, quelques instants plus tôt, Nicolas Zepeda a adopté la même attitude. Celle du silence absolu. Si toutes les questions prévues ont été posées, une à une, avec application, le Chilien n'a répondu à rien, conformément à ses droits et à la stratégie dictée par ses avocats. La séquence a duré une heure et demie, sans vainqueur ni vaincu, même si, selon Étienne Manteaux, quelques ondes de crispation ont traversé le visage placide de Nicolas Zepeda.

Assis autour de la table, les quatre Français n'ont pas dit un mot, eux non plus, laissant la représentante du parquet chilien mener la charge... Pour le policier David Borne, qui aurait rêvé d'interroger lui-même Nicolas Zepeda, la frustration est indélébile.

Dans cette petite salle d'interrogatoire, la tension était maximale. Une anecdote illustre cette défiance réciproque. À ce stade, la justice française ne disposait pas de l'ADN de Nicolas Zepeda, élément toujours essentiel dans une enquête criminelle. Un prélèvement lui a été alors demandé, ce à quoi ses avocats se sont opposés.

Alors que les questions s'enchaînent, implacables, Zepeda s'agite en triturant une bouteille d'eau, qu'il vide par petites gorgées. L'interrogatoire terminé, il abandonne sur la table cet objet imprégné de ses traces génétiques... Une offrande inespérée qui, en un clin d'œil, se transforme en simple mirage : alors qu'il s'apprête à suivre son client dans le couloir, l'un des avocats de Nicolas Zepeda s'immobilise, se retourne, capte l'enjeu de l'instant et se saisit de la bouteille pour la glisser dans son sac...

Aucun ADN à récupérer, aucune révélation à ramener dans les valises.

« Les magistrats et policiers bisontins ont traversé l'océan pour vivre ce moment. Croiser enfin le regard de Nicolas Zepeda. Scruter ses réactions. Ressentir ses émotions. Sonder l'homme, ses certitudes, ses craintes, ses failles », écrit *L'Est républicain*[1].

En vain. Bien coaché par son cabinet d'avocats, le jeune Chilien n'a commis aucune faute.

1. « Affaire Narumi : silence frustrant du suspect, mais voyage au Chili "très positif" selon le procureur de Besançon », 24 avril 2019.

39

Si la bataille judiciaire piétine, la bataille médiatique, elle, bat son plein. Au Chili, une partie du grand public connaît désormais le nom de Nicolas Zepeda, son visage, son histoire, et ce dont il est suspecté.

Une entêtante odeur de soupçons l'accompagne partout, où qu'il soit et quoi qu'il fasse. L'ex-petit ami de Narumi reste libre et fermement agrippé à la présomption d'innocence, mais ses apparitions publiques et sa présence sur les réseaux sociaux se font plus rares. Il apprend à se faire discret. Il aimerait qu'on l'oublie.

« Quand Nicolas Zepeda a fait les gros titres de la presse internationale en 2017, la première réaction des Chiliens a été de penser qu'il ne pouvait pas être coupable. Mais, depuis, la plupart des gens ont changé d'avis », estime Akira Uchimira[1], spécialiste des médias installé de longue date à Santiago. Une pensée fait son chemin du Chili à la France, en passant par le Japon : coupable ou non, peu importe, Nicolas serait protégé par son statut social élevé, garanti par l'argent et les relations de ses parents. « Son père est un haut dirigeant de Movistar, une grosse entreprise de téléphonie qui est aussi un gros annonceur pour la presse. Il y a deux ans, ça aurait pu l'aider, mais ce

---

1. *L'Est républicain*, « Maintenant, la plupart des Chiliens le pensent coupable », 18 avril 2019.

n'est plus le cas. Il y a de la corruption au sein de la justice chilienne, c'est vrai, mais le fait que ce soit une affaire très connue empêche Zepeda de profiter de sa situation », précise Akira Uchimira.

Frustrée par le silence obstiné de son suspect, la délégation judiciaire française envoyée à Santiago mise sur les auditions de ses proches pour, peut-être, faire bouger les lignes… Une seconde douche froide. Contrairement à la loi française, qui n'accorde qu'au seul mis en cause le droit au silence, au Chili, sa famille peut également s'en prévaloir.

C'est donc bouche cousue, comme Nicolas avant eux, que ses proches ont écouté la litanie de questions liées à l'enquête. « Le père est resté inébranlable, copie conforme de son fils, mais la mère a semblé prendre conscience de ce qu'il avait fait. À la fin, elle était livide. Les sœurs jumelles de Nicolas Zepeda sont aussi sorties très déstabilisées », dévoile Étienne Manteaux. Maigre consolation pour l'accusation.

En coulisses, l'infatigable procureur continue de s'activer. Sa présence à Santiago répond à un second objectif, plus informel mais tout aussi décisif. Étienne Manteaux rencontre le responsable de l'UCIEX (Unidad de Cooperación Internacional y Extradiciones), Antonio Segovia, pour recueillir son avis sur une option jusqu'alors peu abordée : la « dénonciation des faits ». L'idée serait que la justice française se dessaisisse de l'affaire, remettant l'ensemble du dossier d'instruction entre les mains de la justice chilienne. Libre à elle, ensuite, de poursuivre ou non son ressortissant, de le juger ou non, de le condamner ou non…

Étienne Manteaux se veut pragmatique. Le magistrat pense que Nicolas Zepeda ne sera jamais remis aux autorités françaises, le contexte étant « ultra-défavorable » selon lui.

Pour le procureur bisontin, deux alternatives demeurent, et aucune n'est idéale : juger Nicolas Zepeda en France en son absence – ce qu'on appelait jusqu'en 2004 un procès « par contumace » – ou confier son devenir à la justice chilienne... En misant sur une hypothétique condamnation, puis une incarcération.

L'entretien avec Antonio Segovia, crucial, démarre à merveille. « Je suis confiant car je reçois beaucoup de compliments sur la qualité de notre enquête, se rappelle le procureur bisontin, mais dès que j'aborde la dénonciation des faits, la tonalité de l'échange change du tout au tout. On m'explique clairement que ça serait refusé. Au début, j'ai cru à une erreur de traduction, au point de demander deux fois à l'interprète de répéter ma question. » Ce refus, selon le procureur, « n'était pas cohérent avec tous ces compliments ». L'UCIEX est pourtant catégorique. Plus troublant encore, aucune explication n'est avancée pour motiver cette décision.

Étienne Manteaux admet être ressorti de cette entrevue « très déstabilisé », craignant de déceler une volonté « de garantir l'impunité de Nicolas Zepeda »... Comment, sinon, expliquer cette porte claquée au nez de la justice française ?

Il existe une autre théorie, évoquée, sous couvert d'anonymat, par certains observateurs avisés de la société chilienne. L'affaire Narumi équivaut surtout à une boîte de Pandore que le Chili serait mal avisé d'ouvrir. Le cas Zepeda est sulfureux, dans la mesure où un procès public – et très médiatisé – mettrait en lumière l'excellence des investigations réalisées par la France. Une probable conclusion s'imposerait à tout un pays : même sans corps, une enquête solide, sérieuse et indépendante peut enjamber le bénéfice du doute pour aboutir à la condamnation d'un Chilien. Une leçon douloureuse à entendre, peut-être impossible à accepter, pour cette nation tourmentée par les exactions impunies de Pinochet.

La petite histoire percute la grande... Une âme, dit-on, ne

pèse que vingt et un grammes, mais le poids cumulé de celles des mille cent cinquante « *desaparecidos* » de la dictature, dont les dépouilles restent introuvables, serait-il trop lourd à assumer pour les institutions chiliennes ?

Une semaine après leur arrivée, c'est sans illusion que le procureur Manteaux, la juge d'instruction et les deux policiers bisontins retrouvent le sas d'embarquement de l'aéroport de Santiago. Extradition compromise, dénonciation des faits refusée… « Pour nous, c'est la pire des situations », résumera Étienne Manteaux.

Nicolas Zepeda est en passe de triompher.

40

En octobre 2019, le Chili s'embrase. L'équilibre de toute une nation se rompt pour trente pesos, soit trois centimes d'euro. Cette modeste somme représente, à Santiago, l'augmentation du ticket de métro imposée par le gouvernement. La hausse de trop. La capitale est gagnée par des manifestations toujours plus violentes, réprimées avec force par le pouvoir en place, sous l'œil inquiet de la communauté internationale.

« Cette augmentation de prix, c'est la goutte d'eau qui fait déborder le vase. Cette explosion de colère sociale est avant tout liée à l'extrême privatisation de la vie quotidienne : la santé, l'éducation, les retraites, l'eau… Ici, le citoyen est de plus en plus considéré comme un consommateur », résume le sociologue chilien Carlos Ruiz, interviewé par *Le Monde*[1].

Les émeutes se propagent, les affrontements avec la police se généralisent, les incendies volontaires et les pillages se multiplient, le gaz lacrymogène sature l'atmosphère, les blessés s'accumulent. Et la mort frappe. Au total, vingt-six personnes décéderont des suites de cette révolte. Dépassé, le président conservateur Sebastián Piñera instaure un couvre-feu, livrant les clés de la sécurité du pays à l'armée. Au Chili, le bruit des bottes militaires fait écho à de sinistres souvenirs. Cette

1. « Chili : explosion de colère sociale dans le pays, où les émeutes ont continué malgré le couvre-feu », 21 octobre 2019.

décision galvanise les contestataires. Le 25 octobre, un million de manifestants se rassemblent dans les rues de Santiago, du jamais vu depuis la fin du régime de Pinochet. Les images de cette foule compacte font le tour de la planète.

Le pays est à feu et à sang, et par effet domino l'apparente impunité de Nicolas Zepeda va s'y consumer. Ce jeune fils de bonne famille est du mauvais côté de la ligne. Le climat d'insurrection est alimenté par la haine profonde vouée aux classes sociales aisées, accusées de confisquer le pouvoir et l'argent. Les parents de Zepeda possèdent plusieurs biens immobiliers, et sont assimilés à cette élite.

Plus largement, les manifestants réclament des réformes du modèle ultralibéral chilien et revendiquent une révision de la Constitution, dont les textes restent imprégnés de la dictature d'Augusto Pinochet.

Stop aux inégalités. Stop aux privilèges. Stop à l'injustice sociale et économique. Stop à l'injustice tout court. Le cri du peuple est entendu par le président Piñera, qui finit par faire marche arrière : le couvre-feu est suspendu, un projet de réécriture de la Constitution est lancé. La rue a fait plier le gouvernement, un moment rare dans l'histoire d'une nation.

En marge de ce soulèvement historique, une seconde lame de fond défavorable à Nicolas Zepeda secoue le pays. L'Europe n'a pas le monopole du mouvement #MeToo, et alors que résonne le fracas social au Chili, les voix d'un collectif féministe nommé Las Tesis prennent une ampleur incroyable.

Le 25 novembre 2019, deux mille manifestantes se regroupent au pied du palais de justice de Santiago, là où sept mois plus tôt, Nicolas Zepeda avait opposé un silence confiant aux questions sur la disparition de Narumi. En cette journée internationale pour l'élimination des violences à l'égard des femmes, un hymne baptisé « Un violador en tu camino » (« Un violeur sur ton chemin ») est entonné par le cortège. Les militantes accompagnent leur performance d'une chorégraphie marquante. Diffusée sur les réseaux sociaux, la vidéo de leur prestation devient virale.

Les paroles, cinglantes, fustigent la société patriarcale du Chili et ses dérives. Bandeau noir sur les yeux, ces deux mille femmes chantent à l'unisson leur colère, en pointant du doigt « les policiers, les juges, l'État oppresseur, le président ». Les violences de genre n'ont ni frontière, ni culture, ni langue. Dans les mois qui suivent, l'hymne chilien est repris et scandé dans le monde entier, à Paris, Madrid, Berlin, Rome, Lausanne, New York, Mexico, Rio de Janeiro ou New Delhi.

Le Chili se découvre une conscience féministe et entame, laborieusement, un travail sur ses vieux démons machistes. « Ici, les féminicides sont perçus de manière encore plus dure qu'en France, décode la journaliste chilienne Gabriela Bravo, chargée par la chaîne de télé Mega de couvrir l'affaire Zepeda. Ces crimes choquent l'opinion publique. Beaucoup de Chiliens sont révoltés à l'idée d'une justice de classe, qui donnerait la possibilité aux gens riches de mieux s'en sortir que les autres. »

La petite histoire est happée par la grande. Issu d'une famille aisée financièrement et accusé d'avoir assassiné son ex-petite amie, Nicolas Zepeda coche les deux mauvaises cases, au pire des moments pour lui.

41

« Vous êtes sûr ? »

Quand le procureur de la République de Besançon la sollicite pour réclamer l'extradition de Nicolas Zepeda, la Chancellerie, à Paris, ne cache pas son scepticisme. « On me fait clairement comprendre qu'il n'y a aucune chance », rapporte sobrement Étienne Manteaux. Abandonner ? C'est mal le connaître. L'homme est à la fois pugnace et résolument optimiste. Le magistrat veut quoi qu'il arrive aller au bout du processus, une question de principe. Pour n'avoir aucun regret, pour ne prêter le flanc à aucun reproche ultérieur, et par respect pour la famille Kurosaki, qui mérite qu'on se batte pour elle.

En réalité, Étienne Manteaux est hanté par une image qu'il craint prémonitoire… Celle d'une salle d'assises pleine à craquer, au milieu de laquelle trônerait un box des accusés vide : « Je voulais qu'au moment du procès en France, on puisse dire que tout avait été tenté. »

Un article publié sur le site de France Info, le 10 octobre 2019, relaie ce sentiment général. Le titre – « Pourquoi le Chili n'extradera pas Nicolas Zepeda » – donne le ton : l'absence de corps de Narumi, l'absence de convention d'extradition bilatérale entre les deux pays et l'absence de réciprocité, puisque la France n'extrade jamais ses ressortissants, ne laissent a priori aucune place au suspense. Une balance alourdie par la supposée « protection » dont bénéficierait la riche famille Zepeda au Chili.

Cinq mois après son voyage à Santiago, le procureur Manteaux prend pourtant sa plus belle plume pour rédiger sa demande d'extradition. Le début d'un véritable marathon administratif. Accompagnée de la copie traduite des huit mille pages du dossier d'instruction, sa requête doit transiter par le ministère de la Justice, puis par celui des Affaires étrangères, pour traverser l'océan jusqu'au bureau de l'ambassade de France à Santiago. Les documents seront ensuite transmis au ministère des Affaires étrangères chilien, puis à la Cour suprême, plus haute juridiction judiciaire du pays.

Ce périple va durer quatre mois et, entre-temps, le Chili tout entier implose avec fracas... Dans quelle mesure cette révolte sociale, qui bouscule l'ordre établi, va-t-elle influencer l'affaire Narumi ?

Depuis la France, on craint surtout un blocage total de la procédure. L'inverse se produit : tout s'accélère. Fin 2019, la Cour suprême programme une série d'audiences destinées à examiner le bien-fondé d'une éventuelle extradition. Étienne Manteaux avoue « reprendre espoir ». Il n'est pas le seul.

Trois ans après la funeste disparition de Narumi, les cartes sont entre les mains de la justice chilienne.

Au Japon aussi, on retient son souffle. « Je prie pour que Nicolas Zepeda soit jugé en France, je donnerais ma vie pour ça. » Ces mots sont de Taeko Kurosaki. La mère de Narumi et ses deux sœurs ont pris l'initiative d'adresser un long courrier à la Cour suprême de Santiago pour militer, elles aussi, en faveur d'une extradition. Cet écrit poignant détaille leur « colère », leur « souffrance » et leur « haine » à l'égard de Nicolas Zepeda.

Malgré l'explosion de la pandémie de Covid, le Chili s'échine à organiser un mini-procès avant l'heure. Chose inimaginable en France, où la loi l'interdit formellement, les quatre audiences menées les 5, 18, 19 et 26 mars 2020 sont retransmises en direct sur Internet. Les débats opposent deux magistrats du ministère public chilien, qui portent fidèlement la parole de la France, et deux avocats chevronnés côté défense. Tiré à quatre épingles dans sa chemise blanche, Nicolas Zepeda assiste aux échanges sans broncher, sous l'œil attentif de très nombreux médias.

La Cour suprême ne fait pas les choses à moitié. Taeko et Honami Kurosaki, mère et sœur de Narumi, sont auditionnées en visioconférence depuis le Japon. Christophe Touris et David Borne, eux, sont interrogés depuis le palais de justice de Besançon. Une occasion rêvée pour les deux policiers français de défendre publiquement leur travail.

Malmené par les avocats de Nicolas Zepeda, qui s'évertuent à poser des questions fermées appelant des réponses parcellaires, David Borne fait le forcing pour détailler les points forts de l'enquête. Son exposé, préparé avec minutie, fait mouche. Et mal au suspect.

La journée du 2 avril 2020 est à marquer d'une pierre blanche… Déjouant tous les pronostics, le Chili accorde à la France l'extradition de Nicolas Zepeda.

Aux yeux du juge Jorge Dahm, le principe de « courtoisie internationale » a prévalu sur l'absence de réciprocité. « Il est possible de prouver la mort d'une personne non seulement par la présence de son cadavre, mais aussi par tous les autres moyens de preuve admis par la loi », rappelle au passage la Cour suprême. Tout vient de basculer.

À cette époque, la France est paralysée par le confinement anti-Covid. Le procureur Étienne Manteaux est esseulé au palais de justice de Besançon, entouré de bureaux vides, quand la Chancellerie le prévient par téléphone. La joie et l'excitation le submergent. Ses premières pensées sont pour la juge d'instruction Marjolaine Poinsard, « une femme exceptionnelle à qui ce dossier doit beaucoup », insiste-t-il.

Sans surprise, les avocats de Nicolas Zepeda font aussitôt appel, convoquant implicitement la jurisprudence Pinochet. Pas de corps, pas de certitude ? « Tout ce qui existe dans la procédure est une disparition », martèlent-ils alors qu'il aurait fallu, selon eux, « non seulement prouver la réalité de la mort, mais aussi établir la cause précise de celle-ci ». L'argumentaire se fracasse sur la constance de la Cour suprême, qui grave sa décision dans le marbre un mois et demi plus tard, après un second examen du dossier : Zepeda n'échappera pas à un procès à Besançon.

« Face au sentiment général selon lequel les puissants tels que la famille Zepeda pourraient être protégés, cette décision apporte un démenti cinglant. Ces magistrats chiliens ont fait preuve d'une grande indépendance et d'un grand courage. Ils ont fait primer la justice avec un grand J », salue solennellement Étienne Manteaux.

L'affaire Narumi était à l'arrêt, enlisée depuis plus de trois ans, et toisée par un Nicolas Zepeda inatteignable… Les fondations de sa tour d'ivoire viennent de s'effondrer.

Et soudain, tout semble possible.

42

La nuit est tombée sur Viña del Mar, charmante station balnéaire située à cent vingt kilomètres de Santiago, quand le portail gris s'ouvre enfin. Un van sombre s'avance dans l'allée. Une poignée de journalistes équipés de caméras sont à l'affût, plutôt silencieux. Quelques flashs crépitent. Nicolas Zepeda, encadré par deux policiers, est aperçu assis à l'arrière du véhicule. Son visage baissé reste invisible, dissimulé sous une capuche et un masque chirurgical. Une photo immortalise cet instant. Elle dit tout.

À quoi pense-t-il, alors qu'à l'âge de 29 ans, sa vie d'homme libre vient de basculer ?

Assigné à résidence, Nicolas a docilement attendu que la police sonne à sa porte, ce jeudi 23 juillet 2020. Certains pensaient qu'il céderait à la tentation de quitter clandestinement son pays pour échapper à tout risque d'incarcération. Des rumeurs ont circulé à ce sujet. Il n'en a rien été.

Longtemps illusoire, son extradition devient une réalité.

Le Chili semble vouloir faire du cas Zepeda un exemple. Comment interpréter autrement la mise en scène concoctée par les autorités, au moment de son arrivée à l'aéroport de Santiago ? De sa sortie du van dans le parking souterrain jusqu'à son passage aux douanes, en passant par ses déambulations dans d'interminables couloirs, Nicolas est filmé sous toutes les coutures. On le voit avancer d'un pas décidé, dépourvu de menottes et sans émotion apparente, entouré de plusieurs agents vêtus de bleu. Sur leurs uniformes, le sigle PDI (Policía de investigaciones de Chile) saute aux yeux. Ces images, tournées et diffusées sur Internet par la police elle-même, alimentent une tonitruante opération de communication.

Le Chili est fier d'assumer l'extradition de l'un des siens, fier d'afficher sa transparence. Fier de prouver que sa justice, parfois critiquée, peut aussi être impartiale.

Le transfert de Nicolas Zepeda vers la France est en marche... Ce jour-là, précisément, Narumi Kurosaki aurait dû fêter ses 25 ans. À dix-sept mille kilomètres de là, les cœurs des proches de l'étudiante chavirent.

« Pour moi, cette date était un message envoyé par Narumi. J'ai enfin compris qu'elle ne faisait plus partie de ce monde », témoignera sa mère.

Le road trip judiciaire de Zepeda s'annonce éprouvant. Remis à une escorte française, il embarque sur un vol commercial pour Paris. Près de mille trois cents jours après l'avoir quitté, le jeune Chilien foule à nouveau le sol européen.

Un visage familier l'attend à l'aéroport Roissy-Charles-de-Gaulle : David Borne ne voulait en aucun cas manquer ce moment. Quand il aperçoit le directeur d'enquête, Nicolas Zepeda lui lâche un sourire, comme s'il l'avait reconnu. Subtile provocation ou rictus de politesse ? Impossible de le déterminer.

Sur le trajet, assis sur la banquette arrière à côté du policier qui l'aura traqué sans relâche jusqu'au bout du monde, le Chilien ne prononce aucun mot. Son regard s'évade à travers la vitre, sur ces paysages sans âme qui défilent le long de l'autoroute. Lancé à vive allure sous un ciel estival, le convoi met à peine trois heures pour rallier le palais de justice de Besançon, où va se jouer l'avenir immédiat de Zepeda. Sur place, chargée de la sécurité du transfert, la PJ se plaît à sortir l'artillerie lourde : cagoules, gilets pare-balles, fusils d'assaut, tout est bon pour contenir l'assaut des caméras, et surtout marquer les esprits.

L'arrivée de Nicolas Zepeda est mouvementée. Alors que sa voiture s'engouffre dans une ruelle étriquée puis dans les entrailles du tribunal, les journalistes jouent des coudes pour voler les premières images en France du Sud-Américain. La tension est palpable. Dans la mêlée, des badauds invectivent l'ex-petit ami de Narumi… « Ordure ! Qu'est-ce que t'as fait de cette pauvre fille ? » s'égosille une voix de femme. Une autre s'insurge : « Il faudrait rétablir la peine de mort ! »

Quelle attitude va désormais adopter Nicolas Zepeda, maintenant que la donne a changé ? Présenté sans délai à la juge d'instruction Poinsard, le jeune homme se dit « très fatigué » et se contente de lire une courte déclaration, qui éteint tout espoir d'aveu immédiat : « Je suis innocent. Quand j'ai quitté Narumi, elle était vivante. Je prie pour elle et sa famille car je les respecte beaucoup. Je prie aussi pour que les véritables coupables de sa disparition soient retrouvés. »

Nicolas prie, les proches de Narumi supplient. « C'est le terme qu'ils utilisent, appuie leur avocate maître Sylvie Galley. Ils supplient Nicolas Zepeda de leur révéler le lieu où se trouve Narumi, car sa place est près de ses parents », prisonniers « d'une torture qui perdure depuis bientôt quatre ans ». La mère, le père et les sœurs de Narumi rêvaient de révélations. Leur désillusion est cruelle.

Plus de vingt-quatre heures après avoir quitté sa confortable résidence secondaire à Viña del Mar, Nicolas Zepeda se retrouve face à une juge des libertés et de la détention. L'issue de l'audience ne laisse aucune place au doute. Le jeune garçon va passer la première nuit de son existence en prison.

Il est presque minuit quand le procureur Étienne Manteaux

apparaît sur le perron du tribunal, masque chirurgical sur le visage, pour improviser un point de presse : « L'instruction va prendre un nouveau départ. Cette extradition n'est pas un aboutissement, mais c'est une avancée majeure. » Le magistrat marque une pause théâtrale, avant de conclure en assurant avoir une pensée pour ces journalistes japonais qui, dit-il, ne cessaient de l'interpeller en anglais pour lui répéter « *Don't forget Narumi* ».

La justice française, non, n'avait pas oublié Narumi.

Longtemps favorable au Chilien, le rapport de force s'inverse. Le temps n'est plus son allié. Entre les quatre murs de la maison d'arrêt de Besançon, les minutes durent des heures, les heures des jours, les jours une éternité.

La superficie de sa cellule est comparable à celle de la chambre universitaire de Narumi, théâtre du pire quarante-quatre mois plus tôt.

43

« Bonjour, maman, j'espère que tu vas bien. Je t'écris pour te remercier pour la force et la foi que tu m'envoies [...], écrit Nicolas Zepeda depuis le fond de sa prison. J'espère qu'on se reverra dès que possible [...]. J'ai confiance en Dieu et en sainte Thérèse, qui m'ont toujours aidé quand il le fallait pour faire face aux difficultés. Merci de m'envoyer tes bénédictions », ajoute-t-il.

Loin des siens, Nicolas Zepeda s'accroche à ses certitudes, à sa foi religieuse et à ceux qui le soutiennent encore. Ils sont peu nombreux.

À la maison d'arrêt de Besançon, le Chilien dispose d'un statut à part. Des consignes particulières ont été passées aux agents pénitentiaires chargés de ce détenu dit « médiatique », maintenu à l'isolement, sans aucun contact autorisé avec les autres prisonniers. Il convient de tout faire pour désamorcer les problèmes. Des rondes fréquentes sont imposées pour s'assurer, à toute heure du jour et de la nuit, que Nicolas se porte bien.

Et c'est le cas. En apparence, aucun choc carcéral ne vient fragiliser sa santé mentale. Suivi par une psychologue, le jeune homme garde une humeur égale, sans épisode dépressif majeur. La pression liée à l'enfermement semble glisser sur lui comme l'eau sur un rocher. Beaucoup s'en étonnent, admiratifs de sa résilience.

Au fil des mois, néanmoins, ses rapports quotidiens avec une partie du personnel se dégradent. Zepeda accuse l'un d'eux de l'avoir frappé au ventre et dépose plainte, mais à son grand regret, la procédure sera classée sans suite faute d'éléments probants.

Un rapport interne signé par le directeur de la prison, en mars 2022, étrille le détenu sud-américain : « Nicolas Zepeda présente une personnalité autocentrée qui se victimise en permanence. Il se dit persécuté, mais est très manipulateur, avec une attitude d'emprise auprès des nombreux intervenants extérieurs. Si son attitude est bonne et polie auprès des gradés, il est suffisant, hautain et désagréable avec les surveillants. »

Ses détracteurs espéraient que l'incarcération ferait vaciller Nicolas Zepeda. Peine perdue. Interrogé à plusieurs reprises par la juge d'instruction, le Chilien use de tours et de détours mais garde son cap : il se prétend innocent. Son seul tort dans la disparition de Narumi ? Avoir été là au mauvais endroit, au mauvais moment.

Il est permis à Nicolas Zepeda d'accéder fréquemment à la bibliothèque de la maison d'arrêt, afin de consulter une copie numérique du dossier d'instruction. Regard vissé sur l'écran de son ordinateur, il le dévore page après page, phrase après phrase. Le Chilien tient à connaître et analyser tous les détails de l'enquête, pour repérer et exploiter lui-même la moindre zone d'ombre, la moindre faiblesse, la moindre faille.

S'entourer des meilleurs conseils a un prix que les parents Zepeda sont prêts à payer. Leur choix se porte sur le prestigieux cabinet d'avocats de Jacqueline Laffont. La réputation de cette grande dame du barreau parisien n'est plus à faire. Spécialiste des affaires politico-financières, maître Laffont est une pénaliste de talent, dont l'élégance n'a d'égale que son éloquence. Ses plaidoiries sont connues pour trancher comme une lame, froide et aiguisée.

Son nom est associé à de célèbres clients happés par de grands procès médiatiques, tels Nicolas Sarkozy, Charles Pasqua, Patrick Poivre d'Arvor, Alexandre Benalla, Nicolas Hulot ou l'ex-ministre de la Justice Éric Dupond-Moretti. On la dit redoutable, elle est assurément redoutée.

En prison, quel que soit son interlocuteur, Nicolas Zepeda se dit confiant : il va gagner son procès.

IV

L'heure du jugement

44

Les crimes sans corps fascinent, autant qu'ils créent un malaise, un vertige pour l'esprit. Dès lors qu'une victime reste introuvable, comment être certain de son décès ? Toute mort est par nature vérifiable, indiscutable, définitive… Mais nos repères rationnels se désagrègent quand ces certitudes font défaut. Énoncer une vérité judiciaire sans aucune constatation médico-légale devient, alors, un défi contre-intuitif. Sous nos pieds s'ouvre un espace béant, qu'il faut combler par des suggestions, des interprétations, des déductions. Et par une intime conviction.

Face aux doutes que ces disparitions non élucidées génèrent, la balance de la justice se retrouve facilement déséquilibrée.

Départs volontaires, accidents, suicides… En France, mille personnes en moyenne se volatilisent chaque année, mais dans cette masse, les affaires d'homicides sans cadavre restent rarissimes. Certains accusés ont été condamnés, d'autres acquittés, mais combien de suspects se cachent dans une zone grise et insondable, faute de corps et de preuves concrètes ? À l'issue d'une enquête trop fragile, les juges d'instruction abdiquent et préfèrent opter pour un non-lieu : toutes les poursuites sont annulées, jetées à la poubelle judiciaire. Inutile, en effet, d'organiser un procès voué à l'échec. Coupables ou innocents, peu importe… Quand les évidences manquent, les tribunaux n'ont pas leur mot à dire.

Nicolas Zepeda, lui, n'a pas eu cette « chance ». Pas de zone grise, aucune échappatoire : le Chilien n'évitera pas les assises.

Sans cadavre ni aveux, la justice est sommée de répondre à trois questions fondamentales… Où, quand, et comment la mort aurait-elle été donnée ? Le 10 janvier 2013, cette exigence a été rappelée avec force par la Cour européenne des droits de l'homme (CEDH), qui a condamné l'État français dans le cadre d'une affaire emblématique : la disparition d'Agnès Le Roux.

Le sort tragique de cette riche héritière niçoise a tenu le pays en haleine durant quatre décennies. La dépouille de la jeune femme de 29 ans, volatilisée en 1977 sur fond de rivalité entre casinos, n'a jamais été retrouvée. Les regards inquisiteurs se sont tournés vers son amant, Maurice Agnelet, lié à la mafia locale. Comme Nicolas Zepeda, cet avocat cupide et calculateur a menti pour retarder le déclenchement des recherches, et, comme Zepeda encore, il a toujours clamé son innocence.

L'affaire Agnelet a engendré un puissant tourbillon judiciaire qui, au fil des années, n'aura cessé de désorienter nos institutions. Alors qu'un non-lieu avait été prononcé en 1985, la mère d'Agnès Le Roux a déplacé des montagnes pour qu'un juge rouvre le dossier. Maurice Agnelet a été acquitté en 2006 au bénéfice du doute, puis condamné en appel en 2007… C'est ce second procès que la CEDH avait jugé « non équitable », le verdict n'ayant pas été suffisamment motivé par écrit.

En 2014, une troisième cour d'assises a donc été saisie. Un dernier procès mémorable, marqué par l'incroyable revirement d'un des fils de l'accusé, Guillaume, venu se soulager d'« un cas de conscience » en cours d'audience. « Je suis tranquille tant qu'ils ne retrouveront pas le corps, et le corps, je sais où il est », aurait confié son père, en privé, des années plus tôt. Guillaume accuse son géniteur d'avoir exécuté Agnès Le Roux dans son sommeil, une balle dans la tête, avant de l'abandonner dans une forêt italienne. Ces révélations emportent tout sur leur passage. « La suite fut un long fracas, l'explosion en direct d'une famille et de ses secrets. Ce jour-là, j'ai connu l'effroi. Une sueur glacée, une secousse animale venue de l'intérieur, un ébranlement qui ne passe pas », décrit avec talent Pascale Robert-Diard dans son livre *La Déposition*[1], dédié à ce procès hors du commun.

Le fils fait tomber le père : vingt ans de réclusion pour assassinat. Ce verdict ne masque pas les errances d'une justice friable, dès qu'il s'agit de démêler ces crimes sans corps. Maurice Agnelet aura été tour à tour soupçonné, emprisonné, blanchi, accusé, acquitté, condamné, libéré, condamné, puis finalement libéré pour raisons de santé, sans jamais rien avouer.

Décédé à 82 ans, l'ex-amant d'Agnès Le Roux a emporté ses secrets avec lui.

1. Éditions L'Iconoclaste, 2016.

45

Dans les annales judiciaires françaises, d'autres cas médiatisés font écho à la disparition irrésolue de Narumi Kurosaki.

Le plus récent – et le plus débattu – concerne Delphine Jubillar, cette infirmière introuvable depuis décembre 2020. Accusé de meurtre et écroué à titre provisoire, son mari nie fermement toute implication.

Amandine Estrabaud, elle non plus, n'a jamais été revue vivante. Selon les enquêteurs, cette surveillante de lycée a été violée, puis tuée par un ouvrier croisé sur son chemin, le 18 janvier 2013 près de Castres. Guerric Jehanno a été jugé à trois reprises, pour autant de condamnations malgré ses dénégations et deux pourvois en cassation. La peine prononcée n'a jamais varié : trente ans de réclusion. « Cette décision exceptionnelle vient balayer définitivement l'idée, répandue chez certains criminels, qu'il suffit de faire disparaître un corps pour être acquitté », veut croire maître Pierre Debuisson, l'avocat de la famille d'Amandine Estrabaud[1].

L'absence de cadavre reste pourtant un écueil majeur pour toute accusation. Incarcéré à l'isolement, Nicolas Zepeda n'a probablement pas eu l'occasion de consulter les nombreux articles de presse consacrés aux procès Chabert ou Viguier.

1. *Ouest-France*, « Disparition d'Amandine Estrabaud : l'accusé condamné une troisième fois à 30 ans de prison », 29 janvier 2024.

Ces deux affaires auraient pu raffermir ses espoirs d'acquittement.

Nadine Chabert disparaît en 2003 à Fos-sur-Mer, le jour d'un rendez-vous chez le juge, non sans avoir prévenu ses collègues que s'il lui arrivait quelque chose « il faudrait s'intéresser à son mari ». Son divorce était imminent. Les versions changeantes de Patrick Chabert, dernière personne à l'avoir vue saine et sauve, ont semé le trouble et creusé le sillon d'une première condamnation à vingt ans de prison.

Coup de théâtre en appel : plaidant la thèse d'une disparition volontaire, qui serait liée aux connexions de son épouse avec une secte, Patrick Chabert était soutenu avec force par sa fille, venue à la barre supplier qu'on « lui rende son père pour Noël ». Les jurés ont tous pleuré, un par un. Chabert a été acquitté. Arrivé menotté, ressorti libre.

Suzanne Viguier souhaitait elle aussi divorcer. En février 2000, à la veille d'un rendez-vous avec son avocat, cette mère de famille toulousaine disparaît sans laisser de traces, à l'exception notable de troublantes taches de sang disséminées chez elle. Son mari, avant d'être placé en garde à vue, prend soin de se débarrasser d'un canapé-lit. Jacques Viguier est accusé d'avoir tué son épouse, « Suzy », ce qu'il nie haut et fort malgré quelques maladresses. Jugé deux fois, ce professeur de droit est acquitté deux fois, sous le regard soulagé des enfants du couple.

Agité sous le nez des jurés, le drapeau rouge du doute fait mouche. Son procès en appel est présenté comme « un concours Lépine de l'hypothèse[1] » par maître Éric Dupond-Moretti. Roi de la formule choc, l'avocat de Viguier – et futur ministre de la Justice – se plaît à enfoncer le clou face aux caméras qu'il

1. *Le Monde*, « Procès Viguier : Éric Dupond-Moretti plaide le doute », 20 mars 2010.

affectionne tant : « Ce n'est pas une victoire de la défense, c'est une victoire de la justice[1]. »

Nicolas Zepeda, lui, le répète à qui veut l'entendre, il a confiance en la justice française. Celle qui acquitte en l'absence de corps.

1. *Le Journal du Dimanche*, « Jacques Viguier acquitté », 20 mars 2010.

46

29 mars 2022, palais de justice de Besançon. Le procès va s'ouvrir dans quelques minutes.

Un bruissement continu, une fièvre, un crépitement se devinent derrière les portes closes de la salle d'assises, où se sont installées par avance Taeko et Kurumi Kurosaki. Maintenus à l'extérieur, les journalistes trépignent d'impatience. Quarante médias différents – français, japonais et chiliens – sont accrédités pour couvrir ces deux semaines d'audience, labélisées « Grand Procès » par le ministère de la Justice.

Arrivées de Tokyo quarante-huit heures plus tôt, la mère et l'une des sœurs de Narumi souhaitaient se recueillir un instant à l'écart des curieux dans le tribunal, un lieu si intimidant pour elles, où tout va se dire, où tout va se jouer. Taeko Kurosaki est esseulée dans cette arène encore vide, quand une insupportable évidence la saisit : sa fille est morte, et rien de ce qui se passera ici ne la ressuscitera. Prostrée sur sa chaise, front écrasé contre un mur, la mère de Narumi ferme les yeux, s'abandonne et pleure. Son corps est secoué de spasmes. Sa fille Kurumi, immobile et silencieuse, pose une main impuissante sur son épaule. Cinq ans qu'elles attendaient ce jour, autant qu'elles le redoutaient.

Le palais de justice bisontin est transfiguré. Outre la salle principale, deux espaces de retransmission ouverts au grand public et aux médias ont été aménagés. Un dispositif d'écrans géants, de caméras et de micros doit permettre au plus grand nombre de suivre les débats, supervisé par un régisseur technique. Six interprètes espagnols et japonais ont par ailleurs été engagés, avec une mission essentielle : traduire en temps réel les interventions de chacun. Imposé par la dimension internationale de l'affaire, le défi logistique est de taille.

Tout est en place quand la porte du box s'ouvre sur Nicolas Zepeda. Teint frais, chemise bleu clair, cravate, masque médical sur la bouche, l'accusé paraît à l'aise. Il jette un coup d'œil à ses parents venus du Chili pour le soutenir, avant de converser avec ses avocates, s'autorisant même quelques sourires fugaces lorsqu'à l'occasion il retire son masque. Assises à une dizaine de mètres face à lui, serrées l'une contre l'autre, Taeko et Kurumi Kurosaki le fixent en silence. Les deux femmes restent impassibles, froides comme l'hiver.

Le président d'audience, Matthieu Husson, ouvre le bal dans un climat électrique. Reconnu pour son flegme à toute épreuve, ce magistrat d'expérience avait géré de main de maître le procès ultra-médiatique de Jonathann Daval, un an et demi plus tôt.

En octobre 2017 à Gray-la-Ville (Haute-Saône), Daval avait tué sa conjointe Alexia, avait écrit des SMS post-mortem en usurpant son identité, puis avait caché et partiellement brûlé son cadavre dans la nature… Les possibles comparaisons avec l'affaire Narumi s'arrêtent là, puisque le corps de la victime avait été vite découvert et que, bien que tardifs et poussifs, des aveux avaient été formulés.

Le président Husson l'a bien compris, Nicolas Zepeda n'est pas Jonathann Daval.

Dès l'ouverture des débats, le magistrat tend un premier piège à l'accusé, l'invitant à expliciter le motif de sa venue en France fin 2016. Le jeune Sud-Américain s'y vautre d'emblée en refusant d'admettre que son voyage était guidé par l'envie de revoir Narumi, évidence qui cimente le mobile du crime. Nicolas, lui, maintient qu'il souhaitait surtout sonder l'opportunité « de poursuivre ses études en Europe ». Le fait de s'être garé dès le premier soir sur le parking du campus de Besançon, à deux pas de la chambre de Narumi ? Presque un hasard, louvoie-t-il.

Sa crédibilité s'effondre déjà. Pour Zepeda, les deux semaines d'audience s'annoncent laborieuses.

L'aplomb du Sud-Américain se fendille dès la première heure du procès, alors son avocate, maître Laffont, réclame toute son attention à la cour. Son client, prévient-elle, a une déclaration à faire. On devine qu'il l'a préparée avec soin. Nicolas Zepeda se lève. En espagnol, il tient à remercier la justice de lui « donner la chance » de répondre à « cette accusation monstrueuse », tout en se plaignant de vivre « un cauchemar » depuis cinq ans. Un bref sanglot le rattrape et noue sa gorge.

Il ose jeter un coup d'œil à Taeko Kurosaki. « Je ressens la peine et le chagrin de sa famille. Je tiens à dire que je n'ai pas tué Narumi. J'espère que ce procès va apporter cette vérité, cette lumière, dont nous avons besoin pour la retrouver. »

Le bras de fer a commencé.

47

L'accusation avance comme un rouleau compresseur sur Nicolas Zepeda. Dans l'affaire Narumi, il n'y a ni cadavre ni aveu, mais il semble y avoir tout le reste.

Dès le premier jour du procès, ce fils idéal – ou en tout cas dépeint comme tel – fond en larmes en écoutant ses parents. « Je le connais depuis toujours. Je sais qu'il est incapable de faire ce dont on l'accuse », déclame à la barre Humberto Zepeda, dos bien droit et phrasé assuré. Assis dans son box, menton tremblant et mouchoir en main, Nicolas a alors tout d'un gamin dépassé par les événements. Une impression fugace, vite éparpillée par l'exposé limpide du directeur d'enquête.

Les sept heures d'argumentaire déroulées par David Borne remettent la cour d'assises à l'endroit. Le policier a tout d'un chirurgien, qui dissèque avec calme et précision l'ensemble des éléments incriminant le suspect. « Dans un dossier criminel, c'est une faiblesse de ne pas avoir le corps, admet David Borne, mais paradoxalement, ça a été une force, car ça nous a amenés à pousser l'enquête au maximum : il fallait avoir les réponses à tout. »

Preuve par preuve, brique par brique, Borne construit autour du box de Nicolas Zepeda une prison de certitudes : sa volonté de dissimuler son séjour en France, ses versions aussi changeantes qu'incohérentes, sa jalousie maladive, ses achats troublants de produits inflammables et de boîtes d'allumettes, l'espionnage de Narumi sur le campus, la soirée des retrouvailles, les cris de détresse dans la résidence, ses inexplicables détours dans la campagne, les faux messages posthumes, les évidences informatiques, les témoignages accablants... La conclusion du policier est sans appel : « Nicolas Zepeda a commis l'irréparable cette nuit-là. La seule et unique piste mène à lui. »

David Borne exhibe un joker ravageur, en révélant en pleine audience l'existence d'extraits de vidéosurveillance inédits, que personne n'avait jusqu'alors pris la peine de visionner en intégralité. Maître Jacqueline Laffont, pour la défense, fustige ce qu'elle considère être « une poursuite d'enquête hors procédure », à ses yeux déloyale.

Acceptée par le président, la diffusion de la vidéo captive la cour d'assises. Nicolas Zepeda a beau nier être ce rôdeur filmé la nuit venue autour de la chambre de Narumi, personne ne semble le croire. Sur l'écran, les images de cette silhouette inquiétante défilent en accéléré. Le jury est projeté cinq ans en arrière. Vertige du temps, frémissements du public. La traque de Narumi attribuée à Nicolas devient visuelle, concrète, insupportable.

Le jury se projette également dans la nuit du 4 au 5 décembre 2016, pour mieux revivre l'angoisse provoquée par les cris de la jeune Japonaise. À la barre défilent les étudiants qui se trouvaient à proximité de la chambre 106. Leurs descriptions des hurlements font froid dans le dos.

C'en est trop pour Taeko Kurosaki, recroquevillée sur son banc, qui sombre en écoutant ces témoignages poignants. Kurumi appuie son front sur celui de sa mère, tout en se saisissant de ses mains tremblantes pour l'apaiser. En vain. Un pompier venu s'enquérir de la situation est poliment congédié.

L'auditoire n'a d'yeux que pour cette femme brisée.

La tempête passée, la mère de Narumi finit par relever la

tête. Son regard fixe et noir comme du charbon s'arrime à Nicolas Zepeda, comme pour exiger de lui une réponse, lui arracher une réaction, une émotion, quelque chose.

Taeko Kurosaki se heurte à un mur d'indifférence.

Calmement tourné vers le président d'audience, le Chilien ne lui accorde aucune attention.

48

Sans concession, la cour d'assises explore les rouages du couple Narumi-Nicolas, une liaison à la dérive qui se consume à distance. Des cendres dans lesquelles Nicolas Zepeda a puisé un feu sauvage, secret et dévastateur qui l'a porté jusqu'en France.

Dans sa première déclaration, l'accusé espérait que son procès apporterait toute « la lumière » sur cette disparition. Il éclaire surtout la fragilité de sa défense.

« Nicolas Zepeda a perdu pied dans sa relation », résume l'avocat d'Arthur del Piccolo, maître Randall Schwerdorffer – qui fut par ailleurs l'avocat de Jonathann Daval –, en exhortant le Sud-Américain à « affronter la réalité ». Zepeda préfère affronter ses détracteurs en répétant que la rupture avec Narumi était consentie. Une bataille qu'il perd jour après jour, sous le regard impuissant de ses avocates.

Le jeune homme transpire en slalomant entre ses apparentes contradictions, et les innombrables flèches décochées par l'accusation touchent leur cible. Bavard à défaut d'être précis, il finit par agacer son auditoire. « Quand on pose une question à M. Zepeda, à la fin de sa réponse on a oublié sa question », se désespère le procureur Étienne Manteaux, assis sur le siège d'avocat général.

L'absence de cadavre, bien sûr, revient comme un boomerang dans les débats. C'est la seule branche solide à laquelle se raccroche la célèbre avocate de Zepeda, maître Laffont.

Portée par son élocution limpide et percutante, la pénaliste se délecte de l'envergure des recherches organisées dans le Jura, pour mieux inverser la logique du raisonnement : peut-être que leur échec s'explique par le fait qu'en dépit des présomptions policières, Narumi ne se trouvait pas dans la zone ciblée ? Pour Nicolas Zepeda, la moindre parcelle de doute vaut de l'or.

« Ce n'est pas facile de retrouver un corps dans l'eau », tente de contrebalancer David Borne, en rappelant que des racines immergées peuvent aussi l'empêcher de remonter à la surface. D'autant qu'il peut errer sur « des dizaines de kilomètres », confirme le procureur. Surtout en hiver, en période de crues.

Maître Schwerdorffer, lui, assène un argument massue. « Ce n'est pas parce qu'on ne retrouvait pas le corps de la petite Maëlys qu'il n'y avait pas eu de meurtre », martèle-t-il, en référence à cette fillette tuée en 2018 en marge d'un mariage en Isère. Poussé dans ses retranchements, Nordahl Lelandais avait fini par céder, guidant les gendarmes jusqu'au crâne de sa jeune victime, qu'il avait abandonnée en montagne.

Contrairement à Lelandais, Zepeda plie mais ne rompt pas. La pression est maximale. Invité à détailler ses retrouvailles avec Narumi la veille de la disparition, Nicolas dévisse dans les grandes largeurs, submergé par de puissants sanglots. Trente secondes s'écoulent, interminables. Immobile et mutique, Nicolas se pince le haut du nez pour ne pas exploser. Dans la salle personne ne parle, personne ne bouge, personne ne respire…

De quoi ce silence gorgé de larmes va-t-il accoucher ? De rien. Cet orage intérieur passé, Nicolas reprend le fil de sa version comme si de rien n'était, comme si sa crise n'avait pas existé. Troublant personnage.

Son avocate maître Laffont, aux premières loges du naufrage, veut le secourir. Bientôt six heures que, ce jour-là, son client patauge.

« L'accusation cherche à démontrer que comme vous étiez jaloux vous auriez eu un mobile pour assassiner Narumi. Avez-vous peur d'admettre que vous étiez jaloux ? tente-t-elle de l'aider, yeux dans les yeux, espérant lui offrir un surplus de crédibilité. — Oui, j'ai peur que ce soit mal interprété », répond-il.

« Les faits sont têtus et moi aussi », le prévient Étienne Manteaux en criblant Zepeda de nouvelles questions cinglantes.

De sa voix tonitruante, le procureur s'étonne que l'accusé n'ait pas tenté de contacter l'étudiante japonaise dans les jours suivant sa disparition. Là encore, Nicolas n'a pas d'explication intelligible. Il s'enfonce.

« Être menteur, manipulateur et harceleur ne fait pas de vous un meurtrier… C'est la ligne de votre défense, nous l'avons bien compris », ironise maître Schwerdorffer.

Assis dans son box, toujours impeccable dans sa chemise, l'accusé secoue la tête.

« Il ne faut rien attendre de M. Zepeda. Il ne cherche qu'à sauver sa peau », tranche l'avocat d'Arthur del Piccolo.

49

Les salles d'assises sont des lieux uniques où rien ne se passe jamais comme prévu, des espaces rares, théâtraux, hors normes et parfois hors du temps, où l'humanité se déshabille pour le meilleur comme pour le pire.

Il arrive qu'un procès bascule pour une phrase, une attitude, un silence. Celui de Nicolas Zepeda va être bouleversé par l'extraordinaire déposition de Taeko Kurosaki.

Depuis l'ouverture des débats, cette ombre de mère est vissée sur son banc, un mouchoir serré dans une main pour éponger ses pleurs. Son autre main, plaquée contre sa poitrine, étreint une mystérieuse pochette brodée de fleurs. Cinq ans déjà que Taeko Kurosaki se mure dans un mutisme presque absolu, coupée de la société, coupée d'elle-même, aussi morte que vivante.

Le temps est venu de se libérer de cette geôle intérieure, de s'ouvrir à nouveau. De laisser exploser sa détresse aux yeux du monde.

Vêtue de noir de la tête aux pieds, Taeko s'approche à petits pas de la barre, écrasée par l'importance du moment. Ses larmes devancent ses premiers mots, bredouillés entre une respiration hachée. Tout en pudeur, la mère de famille tient avant tout à s'excuser pour les « désagréments occasionnés » par cette affaire, tout en exprimant sa « gratitude » à l'égard des enquêteurs et magistrats français. Son humilité est touchante. « Depuis la disparition de Narumi, je m'isole, c'est pourquoi je peine à parler. Il se peut que mon discours soit long, entrecoupé de silences... Je m'en excuse. »

Dans la salle bondée, quelques yeux sont déjà rougis. Étienne Manteaux, l'avocat général, semble lui-même ému. Longuement, douloureusement, Taeko bâtit un mausolée de mots en mémoire de sa fille disparue, évoquant avec une infinie tendresse sa naissance, ses premiers rires, ses premiers pas, ses premiers jeux d'enfants. « Je veux que vous compreniez à quel point cette personne était merveilleuse », insiste-t-elle.

Taeko s'attarde aussi sur les derniers mois de Narumi au Japon, avant son départ pour Besançon. « Un rêve » troublé par ce Nicolas Zepeda qui, assure-t-elle, polluait déjà le quotidien de son aînée. Son exposé est si méticuleux qu'il en devient laborieux. Sa fille Kurumi finit par la rejoindre pour, d'un chuchotement à l'oreille, l'encourager à conclure... Une onde de pitié traverse la salle d'assises. Chacun comprend que cette mère en lambeaux ne veut rien omettre, puisque dans son esprit tourmenté, rien ne doit échapper aux jurés.

Loin de la faire taire, l'intervention de sa fille paraît libérer Taeko Kurosaki. Voilà qu'elle se redresse, lève le menton et hausse la voix pour surpasser la vague d'émotion qui la menace à nouveau. Taeko se saisit de la pochette greffée contre son cœur, puis l'ouvre d'un geste lent. La densité de l'air change... Un portrait radieux de Narumi apparaît. « Depuis sa disparition, je n'ai pas passé une heure, pas une minute, sans cette photo sur moi », déclare-t-elle, en pleurs.

Avec déférence, Taeko dépose le cadre sur son pupitre, face aux jurés. Face à la justice française. Le sourire de Narumi illumine toute la salle.

Le lâcher prise de Taeko Kurosaki est total. Sa voix fluette devient rauque quand elle pointe Zepeda dans son box, le qualifiant d'« exécrable menteur ». L'absence de sépulture de sa fille lui est insupportable. Taeko reprend un instant son souffle, pour mieux laisser échapper un cri du cœur : « J'ai envie de tuer cet homme ! »

Portée par ses larmes, la mère de Narumi se laisse couler dans un torrent de douleur et de haine mêlées, et toute la cour se noie avec elle. « J'ai essayé de me tuer je ne sais combien de fois ! [...] Je voulais tellement rejoindre Narumi où elle se trouve. Mais j'ai encore deux filles qui me sont si chères... » De nouveaux sanglots explosent dans son micro : « Je ne peux pas laisser ce démon en liberté ! »

Le public est sidéré. Beaucoup pleurent avec cette femme qu'on devine aux portes de la folie, mais qui résiste, emmurée dans ce deuil inachevé. Ombre noire au centre de la pièce, Taeko Kurosaki est si fragile, et pourtant si forte. Si petite, et pourtant si grande. « Je veux protéger toutes les femmes sur terre, et le prix de cette volonté sera ma vie », prévient-elle.

Taeko semble inarrêtable, se désolant de ne pouvoir étreindre Narumi dans ses bras. Son indignation fond soudain sur les parents Zepeda : « Et vous trois, vous vous embrassez devant nous tous les jours ! » Mme Kurosaki marque une pause, soucieuse de s'apaiser : « Le devoir des parents n'est pas seulement de protéger et aimer leurs enfants. Lorsqu'ils commettent des erreurs, notre devoir est de les remettre sur le droit chemin, tout en regardant la réalité et la vérité en face. »

Autour de Taeko Kurosaki, les murs n'existent plus. « Si Narumi avait encore été vivante aujourd'hui, elle aurait pu construire un meilleur monde. » Emporté par l'intensité de l'instant, même l'interprète japonais se met à pleurer... « N'oubliez pas que ma fille a vécu dans ce lieu, dans ce pays », implore Taeko, en s'inclinant selon la coutume japonaise pour remercier le jury. Tremblante, sans énergie, elle reste pliée sur son pupitre. Vidée de son âme.

Les larmes et les frissons sont partout… Public, avocats, magistrats, jurés, journalistes, agents de sécurité, personne n'est épargné. La mère de Nicolas Zepeda est elle-même rattrapée par l'émotion. Le président se tait, respectueux de ce lourd silence qui s'éternise, et qui appartient tout entier à Taeko Kurosaki.

Scène poignante et rarissime aux assises, une longue salve d'applaudissements retentit dans la salle, nourrie par une compassion immense. Un hommage spontané qui se prolonge pour accompagner les pas poussifs de la mère de Narumi, littéralement portée par sa fille et son avocate jusqu'à son banc.

L'audience est suspendue, afin que chacun reprenne ses esprits. À son retour, Nicolas Zepeda est invité par le président Matthieu Husson à se lever. Chemise blanche impeccable et paupières sèches, le Chilien se penche sur son micro. Tel un mauvais acteur qui récite son texte, il se dit « sans voix », « très ému » par ce témoignage. Son dernier commentaire claque comme un fouet :

« Je ne sais pas ce que je pourrais faire pour les réconforter… »

50

Au huitième jour du procès, la porte sur de possibles aveux va-t-elle s'entrouvrir ?

Dans une salle bondée, l'interrogatoire de Nicolas Zepeda bat son plein. Sans jamais hausser le ton, tout en force tranquille, le président Matthieu Husson le confronte aux incohérences de sa version. Mis sous pression, Nicolas esquive, s'étonne, minimise, et se tortille telle une anguille prise dans les filets.

C'est alors que Sylvie Galley entre en piste. Cette pénaliste inscrite au barreau de Besançon, initialement approchée par la famille Kurosaki pour sa solide connaissance de la langue japonaise, est adepte des combats de prétoire menés côté parties civiles. Son expérience et son empathie, sincère, y font souvent des ravages. Dès qu'il s'agit de défendre les intérêts d'une victime ou de ses proches, son extrême politesse et sa voix toujours suave masquent, en réalité, une détermination farouche.

Maître Galley fait le siège de la forteresse chilienne sans, elle non plus, trouver de faille. La frustration de l'avocate est palpable. Nicolas Zepeda ne lui offre que quelques larmes, lorsqu'il reconnaît que depuis la révélation de l'affaire, certaines de ses connaissances lui ont tourné le dos. « Cela me fait beaucoup de peine, c'est une partie du cauchemar que je suis en train de vivre », se lamente l'accusé. Maître Galley ne laisse pas passer. « Le cauchemar, monsieur Zepeda, c'est la famille de Narumi qui le vit… Vous, vous êtes en vie. »

Lassée par l'attitude de son interlocuteur, la pénaliste change de ton. Place à la manière douce. Maître Galley fait projeter des photos de l'étudiante disparue, Narumi bébé avec un ballon, Narumi enfant dans une piscine, Narumi jeune femme toujours souriante, belle comme un soleil. Nicolas se laisse prendre au jeu. Il ne peut s'empêcher de scruter l'écran.

« Vous reconnaissez ces photos ? » relance Sylvie Galley. Nouvelle vague d'émotion chez Zepeda, qui acquiesce. « Vous arrivez à la regarder droit dans les yeux, sachant le mal que vous avez fait ? » Le Chilien ne répond pas. Il tient.

« Vous êtes catholique ? Vous ne pensez pas qu'il faudra faire un chemin vers le pardon ? Vous pensez l'obtenir ? » Silence. Il tient.

Maître Galley s'approche. « Vous avez dit que vous vouliez faire quelque chose pour réconforter la mère et la sœur de Narumi… Elles savent que vous l'avez tuée, elles se demandent juste où elle se trouve. » Zepeda défie l'avocate. Il tient.

« Quand vous rêvez d'elle, Narumi est vivante ou morte ? Vous la revoyez en train de mourir ? » pousse encore Sylvie Galley. Usé, Nicolas se laisse bercer. « Je la vois heureuse, et dans mes rêves elle est bien », pleure-t-il.

« Elle est bien où ? » Nouveau silence de l'accusé, qui enfouit sa tête dans son mouchoir. Face à lui, Taeko Kurosaki sort de sa pochette le portrait de sa fille, qu'elle dépose sur ses genoux, sciemment tourné vers Zepeda. Narumi en personne dévisage l'accusé.

Le Sud-Américain se penche en avant, mains crispées sur la balustrade. « Je la vois heureuse, j'essaie de lui parler, mais je ne comprends pas ce qu'elle dit… J'ai tant de choses à lui demander », s'étrangle-t-il dans un brusque éclat de voix.

Celle de maître Galley, à l'inverse, est d'une délicatesse absolue. « Comme quoi ? "Pardon" ? » Zepeda est seul face à lui-même : « J'ai tant de questions, mais c'est stupide. Elle est dans ma tête… »

Maître Galley insiste. Où est Narumi ? Pour la première fois du procès, les nerfs de Nicolas Zepeda lâchent totalement. Sa réponse explose dans la salle, abasourdie par l'intensité de la séquence : « Je n'ai pas tué Narumi, je veux savoir aussi ! » Son cri se fracasse sur le calme olympien de Sylvie Galley. « Dites-le-nous. Nous aussi, on veut savoir. » Tête baissée, épuisé, Nicolas Zepeda garde encore le silence, une, deux, cinq, dix secondes… Le vide de tous les possibles s'ouvre sous ses pieds. Le temps s'étire, s'étire, s'étire encore comme un élastique. Dans un dernier soupir, Nicolas brise le suspense : « Je veux savoir aussi… »

Il a tenu.

La porte se referme, Sylvie Galley recule. « Je vous laisse avec votre conscience, monsieur Zepeda. »

51

Bien qu'au fil des jours le poids des évidences s'alourdisse, Jacqueline Laffont porte sa croix avec classe.

L'avocate parisienne n'a pas l'habitude de dévoiler ses fragilités, bien au contraire, ni de s'adresser aux médias avant un verdict. Mais alors que Nicolas Zepeda ressort essoré de son interrogatoire, la pénaliste déroge à tous ses principes.

Aux journalistes qui la cernent devant les portes du tribunal, ce 8 avril 2022, maître Laffont confie sortir « très éprouvée, très bouleversée par ce procès, qui était d'une intensité dramatique et douloureuse rarement atteinte ». Une confession déconcertante. « J'ai vécu beaucoup de procès d'assises, insiste-t-elle, celui-ci était très difficile pour tout le monde, pour les victimes d'abord, mais aussi pour la défense, je pense que vous l'aurez tous compris. »

Jamais elle ne le concédera publiquement – sa réputation d'avocate en dépend –, mais Jacqueline Laffont aurait peut-être rêvé que Nicolas Zepeda avoue le crime en pleine audience. Si possible grâce à elle.

Nicolas Zepeda n'a pourtant qu'une exigence à l'égard de maître Laffont : qu'elle obtienne son acquittement pur et simple. « M. Zepeda impose à ses avocats la stratégie du "ça passe ou ça casse", persuadé que la jurisprudence du Chili du "pas de corps, pas de crime, pas de condamnation" prévaudra en France », analyse maître Schwerdorffer.

Pour Nicolas Zepeda, le risque d'une lourde condamnation est élevé, maître Laffont mieux que personne en a conscience. Aussi envisage-t-elle cet autre chemin… Face à son client, la pénaliste flirte avec la ligne rouge en posant elle-même quelques questions taboues. Officiellement, afin de lui permettre de clarifier sa position, officieusement, dans l'espoir de provoquer la déflagration espérée par beaucoup.

Maître Laffont a visiblement une idée en tête : libérer le jeune Chilien de son éventuel déni, libérer la famille de Narumi de sa souffrance et, surtout, adoucir le verdict à venir. Car qu'y a-t-il de pire aux yeux d'un juge qu'un coupable, sinon un coupable qui n'assume pas ?

Nicolas Zepeda ne voit pas le coup venir. « Êtes-vous en mesure de répondre à la dernière espérance de la maman et de la sœur de Narumi, qui veulent savoir où se trouve le corps de leur fille, de leur sœur ? » l'interroge Jacqueline Laffont. L'accusé s'accroche à son micro, pour répéter qu'il ignore tout du sort de Narumi. Et l'hypothèse d'une dispute qui aurait mal tourné ? « Je connais assez Narumi pour que les choses ne basculent pas dans une forme de rage, ainsi que vous l'insinuez, s'agace-t-il. — Je n'insinue rien, je pose des questions, le corrige maître Laffont avec tact, sans lâcher prise pour autant : Vous avez envie de dire quelque chose, une dernière fois ? »

L'instant est solennel. Le visage de poupon de Nicolas Zepeda se contracte, déformé par la contrariété : « Je ne suis pas quelqu'un de parfait, mais je n'ai pas tué Narumi. » Ses yeux rouges sont rivés dans ceux de son avocate, tels deux pieux plantés dans la falaise. En bas, l'abîme. « Je ne l'ai pas tuée, je ne l'ai… » La phrase de Nicolas reste en suspens. Il enfouit sa tête dans une main, rattrapé par une énième crise de larmes.

Jacqueline Laffont lui tourne le dos et se rassoit. Dans un

silence de cathédrale, son client continue de sangloter, prostré sur le rebord de son box.

Comment défendre un tel accusé ?

La plaidoirie de Jacqueline Laffont sera un numéro d'équilibriste. L'avocate avance sur un fil, à mots comptés, derrière lesquels d'autres mots se devinent. Des mots qu'elle n'ose finalement pas formuler. Sa première tirade capte l'attention du public : « Au moment où je me lève pour défendre Nicolas Zepeda, les témoignages de la mère et la sœur de Narumi résonnent encore en moi. Ils ne me quitteront pas. »

Maître Laffont évoque avant tout sa propre mission, si délicate. Pour se dédouaner ? Pour attendrir les jurés ? Pour reconquérir une crédibilité à leurs yeux ? « Être avocat, c'est un métier qui vous oblige à penser contre vous-même, contre les certitudes, contre les évidences », liste-t-elle en écartant d'emblée l'éventualité d'une « mort volontaire » de Narumi. « Condamnée [c'est le terme qu'elle a choisi] à avancer sur une ligne de crête », maître Laffont n'ignore pas les réponses « parfois délirantes » de son client. Un menteur, oui, un assassin, non.

Innocence ou déni ? La pénaliste formule une « suggestion » afin d'aider à interpréter les cris et les pleurs du Chilien chaque fois qu'il veut persuader le jury qu'il n'a rien fait, rien vu, rien entendu : « Cette réponse est sincère en tout cas pour Nicolas, soit parce qu'il n'a pas tué Narumi, soit parce qu'il lui est impossible de le concevoir. » C'est, dit-elle, « sa part d'humanité ».

« J'ai essayé de défendre Nicolas Zepeda envers et contre tout, contre les charges, contre lui-même et parfois contre moi-même, confesse maître Laffont dans sa dernière ligne droite. Cet homme a le monde contre lui, sa résistance m'interroge et m'impressionne. Elle ne le sauve pas, elle l'accable… » estime-t-elle. « C'est sans doute la plaidoirie la plus difficile de ma vie », lance encore l'avocate de Nicolas Sarkozy. Zepeda l'écoute placidement, comme extérieur à son propre procès. « Sa solitude est immense, elle est terrifiante. S'il est coupable, il ne l'a dit à personne. S'il est innocent, tout l'accuse, et il est le seul à le savoir », achève maître Laffont sans choisir.

Et cette ultime phrase, jetée comme une bouteille à la mer : « Et si par hasard, oui par hasard, il était innocent ? »

52

Toute l'énergie déployée pour construire puis prononcer une plaidoirie n'est dédiée qu'aux jurés, seuls dépositaires de la vérité judiciaire. Chaque argument, chaque intonation, chaque regard leur est consacré. Ce sont eux et eux seuls qui déterminent le destin de l'accusé, et c'est à eux, et eux seuls, qu'il convient d'arracher une conviction…

La justice des hommes par les hommes, le principe est vieux comme le monde.

« Ce n'est pas l'acquittement que Nicolas Zepeda vient vous demander, c'est l'impunité ! » Maître Schwerdorffer ne s'y trompe pas. Focalisé sur les neuf personnes appelées à prononcer le verdict, l'avocat d'Arthur del Piccolo charge Zepeda sans retenue. Il implore la cour d'assises de « séparer le vrai du faux », la réalité d'un côté, qu'il faut révéler, les mensonges de l'autre, qu'il faut écarter. « J'ai rarement vu un tel cynisme, une telle froideur », insiste l'avocat d'Arthur del Piccolo, en dénonçant de sa voix de stentor « la personnalité extrêmement toxique, extrêmement manipulatrice » de l'accusé. « La main de Nicolas Zepeda n'a pas tremblé… Je demanderai à cette cour d'assises de ne pas trembler quand elle prendra sa décision. »

Maître Sylvie Galley revient elle aussi sur les dérives criminelles imputées à Zepeda, en déroulant le fil sentimental le reliant à Narumi. Pour l'avocate des Kurosaki, l'homicide prendrait racine dans « la rumination psychologique » de l'accusé cinq ans plus tôt, alors que sa compagne vient de le quitter pour s'épanouir en France. Le vernis de l'amour se craquelle, les faux-semblants s'effacent, sa possessivité malsaine remonte à la surface. Puis submerge toute rationalité.

Narumi réduite au silence, « nous n'aurons jamais sa version et Nicolas Zepeda exploite cela », regrette maître Galley, avant de prendre la cour d'assises par la main pour traverser la porte éternellement close de la chambre 106. Et de s'interroger : « À quoi Narumi a-t-elle pensé avant de mourir ? À qui ? A-t-elle mis du temps à mourir, est-ce qu'elle a souffert ? À en juger par les cris, oui, certainement. »

Taeko et Kurumi Kurosaki écoutent leur avocate blotties l'une contre l'autre, rongées par ces visions d'horreur. Sylvie Galley s'attarde sur l'inhumanité dont aurait fait preuve le Sud-Américain au moment de manipuler, abandonner et peut-être dégrader le corps de sa victime. Pour elle, Zepeda « a dépassé toutes les limites de l'intolérable ».

Le visage harmonieux de maître Galley se durcit : « La mort de Narumi restera dans le secret de l'âme de Nicolas Zepeda. » Sa conclusion sonne comme une défaite.

Lorsque Étienne Manteaux entre à son tour dans l'arène, le taurillon chilien est déjà en mauvaise posture. L'avocat général liste douze points qui, selon lui, scellent la certitude du décès de Narumi Kurosaki, un passage obligé pour évacuer tout doute dans l'esprit des jurés. « En l'absence de corps, la preuve de la culpabilité est plus difficile à démontrer », admet-il. Difficile mais pas impossible : « Dans ce dossier, tout, absolument tout, ramène vers sa responsabilité ! » tonne-t-il en désignant Nicolas Zepeda.

Étienne Manteaux replonge à son tour dans la chambre 106, où Narumi avait invité son ex-petit ami chilien sans prévenir qui que ce soit dans son entourage. C'est l'une des zones d'ombre de cette affaire, une inconnue qui trouble l'équation. Étienne Manteaux imagine que Narumi a été « touchée », quoi qu'il en soit, que Nicolas Zepeda traverse l'Atlantique pour la revoir. Mais pourquoi le laisser monter dans son studio ce soir-là ? Pour renouer ? S'abandonner à lui ? « Si le projet avait été une nuit d'amour, elle l'aurait suivi à l'hôtel d'Ornans où Zepeda l'avait emmenée dîner », conteste l'avocat général. Selon lui, Narumi a plutôt cédé « par pitié », quand Nicolas a quémandé une douche.

Étienne Manteaux remplit les cases vides avec ses hypothèses. Zepeda qui tente de la reconquérir. La jeune Japonaise qui le repousse. Le Chilien qui perd ses nerfs, « une colère froide qui explose » et qui tue. Virtuellement, le procureur se retrouve lui aussi entre les murs de cette chambre 106. Il décrit la scène telle qu'il la visualise, une lutte à la vie à la mort, ces cris de détresse, Zepeda qui prend le dessus, le polochon maintenu sur le visage de Narumi… La version d'Étienne Manteaux est-elle correcte ? En l'absence d'autopsie, qui pourrait le confirmer ? Dans la salle d'assises de Besançon, les regards clouent Nicolas Zepeda au pilori.

Une fois Narumi tuée, encore fallait-il se débarrasser du corps en le portant d'abord jusqu'à la voiture, poursuit le procureur. Un effort impensable, défendent les avocates du Chilien. « C'est ce que prétendaient nombre de spectateurs passionnés par l'affaire Daval, oppose Manteaux, en rappelant que le mari d'Alexia, lors de la reconstitution des faits organisée par la juge d'instruction, n'avait eu aucun mal à porter un mannequin de cinquante-cinq kilos. »

Nicolas Zepeda demeure impassible, alors que l'avocat général pilonne sa défense sans faiblir. La localisation du cadavre ? La voix d'Étienne Manteaux explose encore dans la salle : « Lui seul le sait, et c'est sa seule victoire, monstrueuse, dans ce dossier ! »

« L'enquête restera inachevée, admet-il, avant de s'adresser à la mère de Narumi, en contrebas de son perchoir : Je forme le vœu profond que vous puissiez trouver, dans le souvenir de son sourire, la force de vivre pour vos deux autres filles, qui ont tant besoin d'une mère debout. »

Taeko apparaît plutôt écrasée par le poids d'un malheur sans fin.

Étienne Manteaux ne lâche pas sa prise : « Nicolas Zepeda s'est comporté comme un mâle dominant, pour qui l'être aimé constitue un élément de son patrimoine. » Une attitude souvent décrite dans les féminicides. La seule faute de Narumi ? « Avoir été amoureuse d'un autre », décrète l'avocat général.

De chacun de ses pores transpire la frustration de n'avoir pas pu briser la résistance de Zepeda. Manteaux jette un regard pesant à l'accusé. Ultime charge, ultimes mots : « Je ne vous trouve pas la moindre circonstance atténuante, monsieur Zepeda. »

Sans hésitation, l'avocat général requiert la peine maximale prévue par la loi. La réclusion criminelle à perpétuité.

53

Les procès, c'est leur nature, ont tendance à reléguer les victimes d'homicide au second plan. La cour tout entière n'a d'yeux que pour l'accusé, quand la personne décédée, elle, n'existe pas, n'existe plus, sinon à travers des bribes d'images et de témoignages. Elle n'apparaît qu'en toile de fond, floue, gommée par son bourreau présumé, qui, lui, a le privilège d'être présent en chair, en os et en paroles.

Aux assises, le mis en cause devient un astre noir autour duquel tout tourne. Aussi injuste soit-elle moralement, cette réalité s'impose aussi dans cette affaire.

Nicolas Zepeda centralise toutes les attentions, toutes les crispations et tous les enjeux… Tant d'énergie déployée pour abattre « la forteresse du déni », ainsi que le titrait *Le Monde* dans son article du 6 avril 2022. Sauf que le verrou du Chilien résiste à tout et tous.

Zepeda rend fou, tant sa personnalité paraît difficile à cerner. Faussement serein, le jeune homme s'est réfugié dans l'œil du cyclone judiciaire qui, durant deux semaines, a balayé le tribunal de Besançon. Son attitude a étonné, lassé, frustré, tant il a tenté d'éluder certaines évidences, sans faire preuve d'une quelconque once d'empathie. « Nicolas Zepeda est dans la surpuissance. Quelles que soient l'émotion ou les valeurs qu'on lui expose, il ne parviendra jamais à dépasser cette supériorité qu'il a sur nous, de se dire "Je détiens la vérité, je peux soulager une mère, des sœurs, un père, mais je ne dirai rien"... Il ferme complètement la voie du pardon », regrette maître Sylvie Galley.

Son visage d'enfant de chœur, si lisse, si juvénile, peine à masquer son manque de sincérité. Il a beau tout faire, ou plutôt trop faire pour qu'on le croie, et surtout pour qu'on l'aime, son attitude face au jury est perçue comme au mieux décalée, au pire exaspérante.

Qui est-il vraiment ?

Derrière le mystère Narumi se cache surtout le mystère Zepeda.

Le docteur Jean Canterino a examiné le Sud-Américain en octobre 2020. Frappé par sa capacité à « dérouter son interlocuteur » en répondant « de manière complexe à des questions très simples », le psychiatre esquisse le profil d'un manipulateur patenté : « Quand il a quelqu'un dans sa main, il en fait ce qu'il en veut. » Et gare à celui ou celle qui tente de lui échapper ? « Cela peut aboutir à des phénomènes de harcèlement. La manipulation, c'est la nécessité narcissique d'avoir la main sur l'autre. Quand elle est mise en échec, cela peut provoquer des réactions intempestives, voire violentes. »

À entendre les spécialistes, le Chilien n'est affecté d'aucune pathologie mentale ni dangerosité psychiatrique. Une apparente normalité qui n'exclut pas un passage à l'acte criminel, nuance le docteur Canterino. En 2022, deux tiers des femmes françaises tuées par leur conjoint ou ex-conjoint n'avaient pas été violentées au préalable... Les meurtriers, avant de le devenir, n'ont pas forcément de casier judiciaire.

La psychologue Clara Cavignaux, elle, a été marquée par le « narcissisme » de Nicolas Zepeda, qu'elle présente comme un « individu loquace, au charme superficiel, présomptueux, avec une recherche de contrôle tant de soi que des autres ». Cette déviance serait la clé de voûte du crime supposé, interprète l'accusation. Tout, dans cette affaire, ramène à l'irrationnel besoin de contrôle de Nicolas Zepeda.

L'experte décrit un garçon « très réfléchi », qui fait preuve de « maîtrise de soi », qui « n'est pas dans l'impulsivité » et qui se montre capable de « planifier à long terme, de manière stratégique et pragmatique ». Clara Cavignaux relève dans les replis de son esprit « un sentiment de supériorité » et « une absence de considération de l'autre ». Les cinq sommations imposées par Nicolas à Narumi lors de son séjour en France font écho à ce constat. « Tu ne causeras jamais un problème, tu ne seras jamais fâchée, jamais méchante, jamais un mauvais mot, tu ne négocieras jamais quoi que ce soit… » écrivait le Sud-Américain. Un comportement « tyrannique », admet la psychologue.

À entendre Clara Cavignaux, sous ses airs affables, Nicolas Zepeda voudrait garder le contrôle, de tout et de tous, en toutes circonstances… À Besançon, Narumi Kurosaki glissait de façon insupportable hors de sa main. Il a donc fallu organiser cette expédition en France, préparer, intriguer, espionner, sonder, vérifier, pour se donner un maximum de chance de maîtriser à nouveau la situation. Et de maîtriser à nouveau Narumi.

Comment Nicolas Zepeda aurait-il réagi, si dans l'intimité de cette chambre 106 le cœur et le corps de sa « Naruchan » s'étaient refusés à lui ? La situation aurait été « très difficilement tolérable », imagine la psychologue, qui perçoit chez le jeune homme une incapacité à se remettre en cause et une propension à la colère en cas de frustration.

« Reprendre le contrôle de quelqu'un, c'est lui prendre sa vie, décrypte à son tour maître Sylvie Galley, et en prenant la vie de Narumi Nicolas Zepeda a repris le sens de la sienne. »

En cours d'audience, l'avocat d'Arthur del Piccolo, maître Schwerdorffer, a poussé son avantage en demandant à Clara

Cavignaux si Zepeda ne niait pas son crime pour mieux « éprouver le plaisir d'être le seul à savoir ce qu'il s'est passé », une façon, pour lui, « de garder le pouvoir ». Prudente, l'experte n'a pas saisi la main tendue, par respect « pour la présomption d'innocence ». Qu'importe, tout venait d'être dit.

Clara Cavignaux s'est autorisé une dernière observation. Elle repère chez Nicolas Zepeda « un déficit d'empathie » marqué et « une froideur affective » inhabituelle, qui trouveraient leur origine dans de possibles « traumatismes » d'enfance. Lesquels ? À ce jour, cette interrogation demeure sans réponse.

« Nicolas Zepeda a une perception différente du monde et des émotions. Il apparaît comme venant d'une autre planète, mais c'est sa manière d'être », résume la psychologue. Quoi qu'il en soit et quoi qu'il lui en coûte, à savoir de longues années d'emprisonnement, l'extraterrestre chilien impose aux autres une distance. Un masque de maîtrise.

L'énigme Zepeda reste entière.

54

Si fort, si fier depuis le début du procès de son fils, Humberto Zepeda est dans les cordes. Autour de lui ce lundi soir, la salle d'assises se vide sans bruit. Le calme ambiant tranche avec la frénésie de ces dix derniers jours d'audience, saturés de permanentes tensions.

Seul au monde, Zepeda père se tient la tête entre les mains. Sans doute comprend-il enfin à quel point l'avenir de son garçon, qu'il soutient envers et contre tout, ne tient plus qu'à un fil.

La nuit passe. A-t-elle porté conseil aux six jurés populaires et aux trois magistrats professionnels chargés, ce 12 avril 2022, de prononcer le verdict ?

Sous un ciel printanier, des dizaines de curieux se pressent sur le trottoir du palais de justice de Besançon. Dès l'ouverture matinale des portes, certains se mettent à courir vers l'une des salles dédiées au procès, de peur de se faire refouler par manque de place. Aussi malaisées qu'incongrues, leurs foulées provoquent quelques sourires surpris dans le tribunal. Les médias français, japonais et chiliens sont revenus en nombre, eux aussi. Les batteries des caméras sont chargées, les micros sont prêts. L'ambiance est fébrile.

L'audience ne reprend que pour donner à Nicolas Zepeda le mot de la fin, avant que le jury se retire pour délibérer. Le Chilien se lève. Il indique vouloir s'exprimer en français, une grande première. « Je n'ai jamais voulu être au milieu de la douleur de la famille de Narumi. Je n'ai jamais voulu être au milieu de la douleur de ma pauvre famille, ni au milieu de ma propre douleur », assure Nicolas Zepeda. Et cette conclusion toujours identique, à laquelle il aimerait croire plus que quiconque : « Je ne suis pas qui je voudrais, mais je ne suis pas l'assassin de Narumi. »

Deux heures plus tard, dans une salle pleine à craquer, la sonnerie retentit pour annoncer le retour des jurés. Tous ont une mine grave, à la hauteur du moment. Le silence est assourdissant.

« Dans un procès, il faut choisir ses larmes, avait plaidé la veille maître Galley. On ne peut pas pleurer à la fois pour l'accusé et pour les parties civiles… »

La cour d'assises du Doubs a choisi ses larmes : Nicolas Zepeda est condamné à vingt-huit ans de réclusion criminelle pour l'assassinat de Narumi Kurosaki.

À l'annonce de sa peine, impeccable en chemise et cravate, le Chilien reste de marbre. Il n'a pas un regard pour ses parents, impassibles à sa droite.

Face à Zepeda, la mère de Narumi a ressorti le portrait de sa fille, qu'elle scrute et caresse avec une tendresse infinie. Telle la *Pietà* de Michel-Ange, Taeko Kurosaki berce cette photo comme on cajolerait un bébé souffrant. La voilà qui replonge dans son univers intérieur, à l'abri du tumulte de cette salle d'assises trop étriquée pour ses pensées de mère. À l'abri, surtout, d'un monde devenu trop cruel pour elle.

Si ce verdict assouvit sa soif immédiate de reconnaissance, il n'apaise en rien son calvaire. Mme Kurosaki et sa fille Kurumi avaient traversé la planète pour confronter cet inaccessible Chilien, portées par un unique espoir aux allures de malédiction : découvrir où reposait Narumi, pour enfin organiser ses funérailles de retour au Japon. Elles repartent sans dépouille ni réponse.

Zepeda, lui, regagne sa cellule en emportant ses vérités, seul maître de sa débâcle judiciaire.

V

Une histoire sans fin

55

L'affaire Narumi aurait pu s'arrêter à ce premier verdict, mais il n'est pas question pour Nicolas Zepeda de s'avouer vaincu, et encore moins coupable. Le Chilien fait aussitôt appel de sa condamnation, qu'il estime infondée.

Il bénéficiera d'un second procès. C'est son droit le plus strict.

Pour obtenir l'acquittement, la famille Zepeda avait misé gros – et cher – sur maître Jacqueline Laffont. La scission paraît inévitable. Depuis sa nouvelle maison d'arrêt d'Orléans-Saran, où il a demandé à être transféré à la suite de difficultés rencontrées avec le personnel pénitentiaire de Besançon, Nicolas, assisté de son père Humberto, se met en quête d'une autre robe noire de sauveur. Les entretiens avec les cabinets d'avocats s'enchaînent. Leur choix s'arrête sur maître Antoine Vey, pointure du barreau parisien et protégé de l'illustre Éric Dupond-Moretti, nommé entre-temps ministre de la Justice.

L'ouverture du procès en appel de Nicolas Zepeda, le 21 février 2023 à Vesoul, est marquée d'un coup de théâtre retentissant. Le président de la cour fait lecture d'une lettre de maître Vey reçue trois jours plus tôt : « J'ai été informé que mon client n'entendait plus maintenir mon mandat de représentation [...], la situation m'empêchera en conscience d'assurer sa défense. » Un obstacle de taille puisqu'aux assises, il est impossible d'être jugé sans avocat.

Nicolas Zepeda, poliment depuis son box, puis son père,

exalté face aux caméras postées sur le perron du tribunal, jouent la même comédie en assurant qu'ils ignoraient tout, absolument tout, de cette défection surprise… Qui croire ?

L'accusation et les parties civiles dénoncent « une stratégie toxique » déployée par le clan Zepeda, destinée selon elles à déstabiliser l'ordre établi, tout en se présentant comme victime, toujours victime, encore victime de cette justice française qui s'acharnerait à tort sur un coupable idéal.

Soumis au secret professionnel, maître Vey n'a jamais dévoilé les racines de son revirement, mais une interprétation prend le pas sur les autres : celle d'un désaccord de fond sur la ligne de défense à adopter. L'ancien associé de Dupond-Moretti a-t-il tenté, jusqu'à ce point de rupture, de tordre le bras de Nicolas pour lui imposer un changement de version ? C'est possible. Même probable.

Mise devant le fait accompli, la cour d'assises de Haute-Saône propose l'intervention de deux avocates commises d'office, une offre repoussée dans la foulée par Nicolas Zepeda et ses parents. Les Chiliens sortent aussitôt de leur chapeau un autre nom : maître Renaud Portejoie, du barreau de Clermont-Ferrand. Ce pénaliste de talent, issu d'une grande famille d'avocats, est rompu aux dossiers médiatiques de crime sans corps. Aux côtés de son père Gilles-Jean Portejoie, ténor des prétoires, Renaud a plaidé dans l'affaire Fiona, cette fillette disparue en 2013 dont la dépouille n'a jamais été retrouvée. Les Portejoie défendaient sa mère, Cécile Bourgeon, honnie par l'opinion publique, qui avait fini par admettre son implication dans la mort de l'enfant.

Le voilà défenseur de Zepeda. Qui, lui, n'avoue rien. Démuni face aux huit mille pages de la procédure, Renaud Portejoie réclame le report pur et simple du procès. La première mission de cette cour d'assises n'est donc pas de juger cet accusé chilien, mais de se regarder dans un miroir… Il convient en quelque sorte de juger la justice elle-même, dont l'honneur et l'image à l'international seraient en jeu, à entendre maître Portejoie. De quel côté sa si symbolique balance va-t-elle pencher ? Doit-on débattre de la culpabilité de Zepeda dans ces conditions ?

Le piège apparemment tendu par les Chiliens se referme.

« C'est très révélateur de la personnalité de Nicolas Zepeda », analyse à la volée le procureur Étienne Manteaux, en déplorant « un triple scandale ». D'abord pour la famille de Narumi, qui serait venue du Japon pour rien. Puis pour la justice française, « qui n'a pas de prix mais a un coût », en l'occurrence « plusieurs centaines de milliers d'euros » investis à perte dans l'organisation du procès. Et enfin, pour le processus judiciaire en cours. « Les droits de la défense sont sacrés, mais pas absolus ! » s'emporte l'avocat général.

La mère et les deux sœurs de Narumi vivent la situation « comme une gifle cinglante, une nouvelle injure », exprime leur avocate Sylvie Galley. « Souffrance », « sidération », « désœuvrement », les termes se bousculent devant « la prise d'otages » fomentée par l'accusé et son entourage. « J'ai fait cent trente procès criminels, je n'avais jamais vu ça », s'étonne à son tour maître Schwerdorffer. L'avocat d'Arthur del Piccolo encourage néanmoins la cour à ne pas offrir à Zepeda ce qu'il attend peut-être, à savoir un second procès tronqué, bâclé, inéquitable, qui prêterait le flanc à la polémique… Et à un futur pourvoi devant la Cour de cassation de Paris.

Très investis dans le suivi de l'affaire, les médias chiliens formulent une autre hypothèse. La famille Zepeda tenterait de gagner du temps pour se débarrasser d'Étienne Manteaux en tablant sur sa prochaine nomination loin de la Franche-Comté. Adversaire redoutable, le procureur connaît le dossier sur le bout des doigts. Lui qui avait tant malmené le Sud-Américain au premier procès se dit farouchement déterminé à obtenir à nouveau sa condamnation.

Quoi qu'il en soit, c'est l'impasse. Ce procès en appel est mort-né. Soucieuse de ne pas compromettre les droits de l'accusé, la cour d'assises de Haute-Saône préfère reporter l'échéance à une date ultérieure.

Cette décision est accueillie par les pleurs de la mère et des deux sœurs de Narumi, prostrées dans un coin de la salle. « Elles ont compris qu'il n'y avait plus rien à attendre de Nicolas Zepeda », soupire leur avocate.

56

Derrière le fils, il y a le père. Et cette hypothèse : Nicolas Zepeda est-il sous son emprise ?

Si le jeune Chilien est emprisonné dans son déni, Humberto Zepeda serait le gardien de sa cellule, celui qui veille à l'équilibre des faux-semblants, qui garde la porte close. Figure tutélaire, omniprésente, omnipotente, le père rejette toute idée de culpabilité du fils. Nicolas ne peut pas être un assassin, pas avec l'éducation qu'il a reçue, pas avec les valeurs qui lui ont été transmises, pas avec les qualités humaines dont il est pétri. Non. Pas avec le nom de famille qu'il porte. Non, mille fois non.

Alors Zepeda fils devrait se taire, obéir, nier, tout en se laissant happer par l'émotion lorsque ses parents témoignent à la barre. Interdiction de décevoir papa, que Nicolas présente comme son « fan numéro un », prompt à lui « donner des limites » et à le « pousser » pour le faire évoluer. Selon sa précédente avocate, maître Laffont, Nicolas Zepeda reste « ce fils dans lequel sa mère et son père avaient placé tellement d'espoirs qu'il devait être le premier en tout et partout ».

Nicolas le dit lui-même, empreint de reconnaissance : « Je sais à quel point je dois à mes parents d'être devenu qui je suis aujourd'hui. »

Humberto Zepeda, 60 ans, a suspendu sa carrière de cadre supérieur et englouti une bonne partie de ses économies pour cimenter la défense de son fils aîné. Depuis le premier procès, cet homme à poigne a repris les choses en main. Sa détermination est implacable. Au Chili, Humberto Zepeda a organisé une véritable croisade médiatique, en multipliant les interviews pour vendre l'idée d'une justice française défaillante, voire complotiste. Actif et persuasif face caméra, il l'est tout autant en coulisses, lorsqu'il s'agit de presser les journalistes pour obtenir toujours plus d'exposition médiatique, ou d'encourager certains témoins à défendre Nicolas coûte que coûte. Malgré son charisme écrasant, tous ne se plient pas à sa volonté. L'un des soutiens passagers de la famille Zepeda a fini par contacter la justice française, souhaitant révéler certaines manœuvres présentées comme douteuses, avant de se rétracter. Par crainte des répercussions, s'est-il justifié.

« Cette enquête n'a pas été faite pour retrouver Narumi mais pour trouver un coupable, et c'est grave », répète Humberto Zepeda aux journalistes de France 3 Franche-Comté[1], en listant quatorze arguments qui, selon lui, mettent à mal l'accusation. Premier avocat de son fils, le chef de famille explique avoir mené une contre-enquête durant trois ans, dont les conclusions sont explicitées dans un document d'une centaine de pages.

Le procès en appel de Nicolas Zepeda a été reporté au 5 décembre 2023… Une date lourdement symbolique. Sept ans plus tôt, jour pour jour, disparaissait Narumi Kurosaki.

Seul contre tous, Humberto Zepeda entend imposer sa vision de l'affaire aux jurés, aux journalistes et à tous ceux qui osent douter de lui. Si son aisance oratoire et son attitude professorale frappent les esprits, une fébrilité affleure parfois quand lui sont posées des questions qui fâchent. Derrière ce ton martial se cache un volcan.

1. « Le père de Nicolas Zepeda pointe du doigt l'enquête sur la mort de Narumi », reportage diffusé le 22 février 2023.

Même accusé, même dossier, même version : et bientôt même verdict ? Hormis Humberto et son épouse, plus effacée, peu de gens en doutent. Le curseur d'intérêt de l'opinion publique s'est déplacé : il ne s'agit plus de savoir si Nicolas Zepeda peut être condamné malgré l'absence de corps, mais s'il peut avouer. L'attente est élevée. Le procureur Manteaux a même prévu des bottes dans son coffre de voiture... Après tout, qui sait ? En cas de révélation, la cour d'assises de Haute-Saône pourrait ordonner un transport judiciaire en pleine campagne jurassienne, sur les traces du corps de Narumi.

Côté défense, maître Renaud Portejoie et maître Sylvain Cormier, appelé en renfort de dernière minute par le clan Zepeda, savent que les lignes doivent bouger, sans quoi ce procès d'appel ne laissera aucune chance à leur client.

À la barre dès le premier jour, Humberto Zepeda n'aborde pas ou peu la personnalité de Nicolas, préférant user son temps à critiquer le travail des policiers et magistrats français. Les recadrages incessants du président n'y changent rien : le père, obstiné, s'égare dans une vaine réécriture de la procédure.

« Nicolas est une personne heureuse, et les gens heureux ne font pas de mal. Il aimait beaucoup Narumi, et on ne fait pas mal aux personnes que l'on aime », finit-il par lâcher, sans qu'il soit possible de trancher : Humberto partage-t-il ici son avis paternel, ou doit-on percevoir, derrière ces mots, une injonction que Nicolas avait le devoir de respecter ? « Dans sa tête, il n'y a pas de place pour le mal », garantit le sexagénaire. Persuader ou se persuader, telle est la question.

Maître Portejoie, lui, fait à la cour une intrigante promesse, celle de « rechercher la vérité quelle qu'elle soit ». L'avocat de Nicolas semble tenir parole : la défense passe à l'attaque. Le pénaliste clermontois impose à Humberto Zepeda – l'homme qui pourtant le paie – une pression totalement inattendue. Et si son fils était coupable ? Le père de son client refuse l'obstacle, maître Portejoie insiste sans gêne : « Vous ne vous êtes jamais posé cette question ? » Autour des deux hommes, les boiseries de la salle d'assises surchauffent. « Plusieurs fois… cède Humberto dans un souffle, et à chaque fois les faits, les arguments, le dossier, m'ont prouvé son innocence. »

« Vous avez votre conviction, mais elle ne correspond peut-être pas à la réalité… » réfléchit à haute voix maître Portejoie. « Imaginons qu'il soit coupable, ose encore le pénaliste, qu'est-ce que vous avez envie de dire à ce gamin, enfermé dans un mensonge depuis sept ans ? Vous avez envie de lui dire "Je t'aime malgré tout, nous serons toujours là" ? » Humberto Zepeda est livide : « Je lui dirais "Je t'aime, j'ai confiance en toi". »

Leur mano à mano est d'une intensité peu commune. « Certains imaginent que Nicolas veut préserver l'image du fils, l'honneur de la famille, quitte à se suicider judiciairement… Est-ce l'honneur de la famille qui prévaut, ou l'avenir de Nicolas Zepeda ? » provoque maître Portejoie. Difficile de décrypter sa stratégie. Rendre Humberto Zepeda plus humain, plus sensible, et ainsi « fermer la porte » à toute idée de domination mentale exercée sur Nicolas ? Ou à l'inverse briser le père, pour mieux libérer le fils ?

« Ce n'est pas parce qu'il n'y a pas de preuve que Nicolas est innocent. Vous avez dit "La vérité, c'est ce que va décider la justice"… La vérité judiciaire sera celle livrée par ces juges ! », clame théâtralement maître Portejoie en désignant le jury. Une pause. Puis, d'une voix basse : « Et s'ils le condamnaient ? »

Personne ne parle, personne ne bouge.

« Alors, tout le monde saura qu'il y aura une injustice », veut croire le père de Nicolas Zepeda, inflexible.

Maître Portejoie n'a pas brisé le père. Peut-il encore libérer le fils ?

57

Mentir n'est pas un crime... Une bonne nouvelle pour Nicolas Zepeda.

Un an et demi après sa première condamnation, « le golden boy » de Santiago a perdu de sa superbe. Son attitude apparaît moins hautaine, moins conquérante que par le passé. Dans le box, chemise et cravate ont disparu, au profit d'un jean et d'un pull sombres, plus classiques... Le Chilien s'attache à se montrer sous un jour plus humble.

Pressé par une témoin, puis par son propre avocat, pressé surtout par les évidences, l'accusé modifie sa version dès le troisième jour de ce second procès. Coup de théâtre, Zepeda admet une incursion dans le bâtiment de Narumi peu avant sa disparition, une réalité qu'il niait depuis toujours.

Magistrat expérimenté, le président François Arnaud saisit ce moment de flottement pour replonger la cour au cœur de l'affaire, en priant Nicolas Zepeda de préciser le motif de sa venue à Besançon. « Essentiellement, c'était pour rencontrer Narumi. » Le virage est crucial. Jusqu'alors, le Chilien se bornait à justifier son séjour par des visites d'universités.

« J'ai vu qu'on voulait construire une histoire qui n'était pas vraie. J'avais peur que ça soit utilisé contre moi », s'explique-t-il. Peur que la police utilise la vérité contre lui... Il faut oser. Nicolas Zepeda ose tout. Et il dose tout. Le Chilien a lui-même cerné sa faiblesse : son récit souffre de trop d'incohérences, il lui faut réajuster sa version en gommant certaines aspérités – celles qui accrochent, celles qui lui causent du tort – pour lisser sa position. Et tracer un chemin jusque dans la tête des jurés, pour que le doute s'y promène.

Main sur le cœur, le jeune homme l'assure : « Je suis là pour tout vous poser sur la table. » Le président Arnaud, subtil, avance pas à pas… « C'est quoi, dire tout ? » L'accusé fait mine de s'ouvrir en garantissant un surplus de sincérité. Le juge, à l'instinct, avance un pion majeur : aurait-il des révélations à faire à propos de la disparition de Narumi ? Jurés, journalistes et public se figent. « Non, articule Nicolas Zepeda, mais lors des interrogatoires, on m'a posé certaines questions. J'y ai vu des intentions, et parfois j'ai menti. Je le regrette énormément. » Bémol, le Sud-Américain se dit incapable – à chaud – de lister en détail ces éléments, mais jure qu'il le fera au fil des débats.

Bien que les promesses de Zepeda n'engagent que ceux qui décideraient d'y croire, la cour d'assises de Haute-Saône a le tournis en imaginant de potentielles révélations. Sauf qu'une fois encore le Chilien garde en main les clés du temps. Tout en contrôle, toujours.

Côté accusation, Étienne Manteaux positive en assimilant « ces deux évolutions majeures » à « un demi-pas » qui, peut-être, en amènera d'autres… Un vœu pieux : Nicolas Zepeda n'a visiblement pas fait appel de sa première condamnation pour se remettre en question ou pleurer avec empathie sur Narumi. Ses seuls sanglots concernent son propre sort. Sa seule stratégie est de présenter une version crédible. Sa seule préoccupation reste d'être acquitté et blanchi.

L'accusé ne paraît céder face à certains points d'accusation, plutôt secondaires, que par calcul.

Acculé par l'enquête, le Chilien choisit de confesser un autre mensonge. Oui, il admet avoir acheté, depuis Dijon, un billet de train au nom de Narumi au lendemain de sa disparition. Un ticket sans doute destiné à faire croire que la Japonaise était encore en vie, et qu'elle comptait se rendre à Lyon… Accablant ? Nicolas Zepeda tente une pirouette, en assurant avoir payé ce trajet à la demande de Narumi. Et pourquoi l'avoir si longtemps nié ? « Je savais qu'on allait l'utiliser pour m'accuser. »

Zepeda veut séduire le jury : « Aujourd'hui, je n'ai plus peur. Je vais vous dire les choses. » Ou plutôt *des* choses. Celles qui semblent l'arranger.

Soucieux d'anticiper les problèmes, et ils sont nombreux à s'accumuler, Nicolas Zepeda ne veut rien laisser au hasard. Son attitude dans le box laisse pantois : quand il n'écoute pas attentivement les débats, l'accusé noircit de notes des pages entières du calepin posé sur ses genoux. Tout consigner. Tout savoir. Tout potasser. Tout préparer.

Tout maîtriser.

Une grande différence sépare ce second procès du premier : Nicolas Zepeda s'exprime à présent en français. Son éloquence, sa syntaxe et la richesse de son vocabulaire sont impressionnantes. En détention, le Sud-Américain n'a pas compté ses heures pour apprendre la langue de Molière, en espérant améliorer ses capacités de communication et donc ses chances de convaincre le jury.

Il n'est pas certain que ces efforts lui soient si profitables. Débarrassée des aléas de traduction et du filtre des interprètes, l'incongruité de ses explications éclate parfois au grand jour. Face à son client, maître Portejoie finit par lui-même l'admettre. « Votre façon de vous exprimer est incompréhensible, incomprise, et elle peut être source d'agacement. On vous demande : “De quelle couleur est l'herbe ?” On a une réponse d'un quart d'heure. »

Nicolas Zepeda, c'est vrai, a beaucoup à dire… Comment lui en vouloir ?

De longues années de liberté sont en jeu.

58

Symbole de l'avènement de la police scientifique à la toute fin du XXe siècle, l'ADN a facilité, dans le monde entier, l'élucidation d'un nombre incalculable d'affaires criminelles. La démonstration génétique s'apparente souvent à une clé magique, qui ouvre en grand la porte de la prison à certains accusés.

Lorsqu'il parle, l'ADN peut briser le mutisme de n'importe quel suspect. Sept ans après le meurtre de sa première victime, Guy Georges est identifié en 1998 grâce à son profil génétique, baptisé « SK1 » par les enquêteurs de l'époque, pour « Serial Killer 1 ». Interpellé, interrogé et acculé par la vérité scientifique, celui que les médias surnommaient « le tueur de l'Est parisien » cède. Il admet son implication dans certains des sept homicides qui lui sont imputés et la sentence tombe. Réclusion criminelle à perpétuité.

Dans l'affaire Narumi, rien de tout cela… La science reste impuissante.

Si les analyses génétiques n'ont pas manqué, leur exploitation n'a permis aucune avancée significative. Un profil baptisé « X4 » – finalement attribué à Zepeda – a bien été retrouvé sur différents objets et surfaces de la chambre de la Japonaise, mais cette découverte n'est pas incompatible avec la version du Chilien. Seule incohérence avec son récit : l'absence de sperme au niveau de la literie, alors que le mis en cause prétend avoir eu plusieurs relations sexuelles consenties avec Narumi.

L'enjeu se situait aussi dans la voiture de location de Nicolas, où la jeune femme était montée côté passager, le 4 décembre 2016… Mais qu'en était-il deux jours plus tard, lorsque Zepeda aurait, selon la police, transporté le corps de l'étudiante ? De multiples fragments d'ADN ont été décelés dans le coffre. Des traces trop parcellaires. « On ne peut pas conclure à la présence ou non de celui de Narumi », abdique l'expert appelé à la barre.

En matière criminelle, l'examen minutieux du corps de la victime est souvent la clé de voûte de toute enquête, un prérequis crucial, un point de départ stratégique. Sans autopsie, à l'inverse, médecins légistes et généticiens se retrouvent démunis, réduits à imaginer l'inimaginable.

Humberto Zepeda le martèle à qui veut l'entendre : il n'existe aucune preuve absolue de la culpabilité de son fils, notamment scientifique. Force est de constater qu'il a raison.

Cet apparent handicap n'a pas empêché le président des assises, François Arnaud, de saluer en plein procès « le travail phénoménal » des policiers et de la juge d'instruction. L'ampleur des investigations réalisées est effectivement hors normes, mais les avocats de Nicolas Zepeda s'attachent à explorer les interstices de ce dossier à charge, pour mieux majorer les quelques faiblesses qu'ils décèlent.

Car il n'existe aucune enquête parfaite. Jamais.

Maître Sylvain Cormier insiste volontiers sur « ces zones d'ombre abyssales » qui, insiste-t-il, devraient faire douter les jurés. Le fringant pénaliste revient évidemment sur l'échec des recherches du corps, qui altère la force de l'accusation, mais s'attarde aussi sur les trois à quatre « intrusions » constatées dans la chambre de Narumi avant le signalement officiel de sa disparition. D'après maître Cormier, les visites des amis de l'étudiante, de son petit ami Arthur et de quelques employés du Crous auraient été susceptibles de « contaminer » la prétendue scène de crime. « Tout le monde a été entendu, personne n'a touché à rien », lui rétorque le directeur d'enquête David Borne.

Autre défaillance aux yeux de la défense, l'exploitation trop partielle de la vidéosurveillance du campus. Une faille déjà abordée au premier procès par maître Laffont, étonnée par le peu de caméras visionnées par les enquêteurs. « N'était-il pas plus intéressant de ratisser au plus large ? Dans une affaire de cette importance, le jeu n'en valait-il pas la chandelle ? » avait attaqué l'avocate. Sur la défensive, David Borne avait admis qu'« avec le recul », la police aurait dû essayer de récupérer davantage d'images. Un an et demi plus tard, maître Renaud Portejoie remue le couteau dans la même plaie. Borne est malmené. « On aurait aimé avoir d'autres enregistrements », confesse-t-il du bout des lèvres. Mais le policier plaide l'impossibilité matérielle de récupérer autant de données en si peu de temps, tout en rappelant la piètre qualité des images.

La défense de Nicolas Zepeda tente tout, elle n'a rien à perdre. Mais ses « coups » ne sont pas toujours heureux.

Le témoignage à la barre de Saïd, notamment, tournera au fiasco.

Ce maçon de profession installé à Besançon fait de la disparition de Narumi Kurosaki une obsession. Il se dit persuadé de l'avoir croisée le 11 décembre 2016, une semaine après sa mort supposée, dans un snack de la ville. Pour lui c'est certain, la police a truqué l'enquête, falsifié des documents et dissimulé la vérité. Un complot qu'il entend bien dénoncer publiquement, avec l'assentiment de la famille Zepeda, laquelle a insisté auprès de ses avocats pour qu'il soit cité à comparaître lors du procès.

Dans les semaines qui précédaient, soutenu en coulisses par le père de Nicolas, Saïd s'est offert une déconcertante tournée des médias chiliens. Au fil de ses interviews, cet homme présenté comme « un témoin surprise » évitait de préciser que les enquêteurs bisontins avaient retrouvé et identifié la personne en question. Il s'agissait d'une jeune femme de nationalité thaïlandaise, ressemblant vaguement à Narumi.

Face au jury, Saïd s'apprête pourtant à vivre son moment de gloire, pense-t-il, pressé d'exposer les fruits de ses recherches personnelles. Ses explications virent à la mauvaise farce.

Le président d'audience finit par perdre patience, puis l'avocat général l'étrille en listant au passage son casier judiciaire, mais contre toute attente, le coup de grâce viendra des avocats de la défense eux-mêmes… « Est-ce que vous vous rendez compte de ce que vous êtes en train de faire ? Vous avez l'air très content de vous, mais savez-vous de quoi on parle ? » s'emporte maître Sylvain Cormier. Accroché au pupitre, Saïd s'agite et bredouille des « Bien sûr » que l'avocat de Zepeda balaie en haussant le ton : « Il y a un gamin derrière vous ! Savez-vous ce qu'il encourt ? Et vous faites votre numéro, inconscient de l'enjeu ! » Maître Renaud Portejoie enchaîne en regrettant « ce type de comportement », souvent généré par les affaires de crime sans corps… « Vous faites du mal à tout le monde ! Alors maintenant, écoutez-moi : il serait bon de vous taire. Ici, et dehors. »

Le flop est retentissant. Dans une salle d'audience électrisée par cette salve de réprimandes, ni Humberto Zepeda, ni son fils n'ont bronché.

59

Plus encore qu'en première instance, Nicolas Zepeda paraît réécrire le passé sans gêne. Narumi n'est plus là pour le contredire. Chargée d'examiner le jeune homme en détention, la psychologue Clara Cavignaux avait été marquée par sa capacité à « réaménager la réalité pour la rendre favorable ». Une opinion partagée par maître Galley, prompte à dénoncer cette incroyable « aptitude à recréer les événements ».

Nicolas Zepeda maquille le féminicide qu'on lui impute en conte de fées.

Dans les faits, tout dégénère après le départ de Narumi en France. Dans son box, l'accusé livre une tout autre interprétation, en se dépeignant comme un conjoint exemplaire et solidaire. Il estime qu'il n'avait « aucune raison, aucun droit » pour s'opposer à ce projet. Mieux, il assure avoir soutenu Narumi « par tous les moyens », conscient que ce voyage « allait l'enrichir ». Leurs disputes à l'époque ? De simples « différences », corrige Zepeda, « ce n'était jamais trop grave ».

Et le voilà qui débarque sur le campus de Besançon, un soir de décembre, trois mois après leur séparation. Une rupture d'un commun accord, martèle-t-il. « J'avais du mal à reconnaître que j'avais cette envie de revoir Narumi, soupire Nicolas, et je craignais que l'on ne s'en serve pour m'accuser. J'ai eu peur qu'en acceptant cela je ne puisse plus me défendre correctement. C'était stupide. » Le Chilien veut-il paraître plus bête qu'il n'est ?

Pour le reste, Nicolas Zepeda n'aurait rien à se reprocher. « J'ai le sentiment de conforter une hypothèse, on a besoin d'un coupable », dénonce-t-il sans sourciller. À l'écouter, il n'a jamais espionné Narumi, ni à distance depuis le Japon en piratant ses comptes, ni en rôdant sous ses fenêtres les nuits précédant le crime. Ses sorties nocturnes à proximité de la résidence ? Un moyen de « se dégourdir les jambes ». Son dîner avec Narumi à Ornans, le 4 décembre 2016 ? « Je n'aurais pas pu rêver mieux… On se prend la main, on se raconte nos vies. » Le huis clos dans le studio de la jeune femme ? Une bulle d'amour charnel, avec « le sentiment de revenir à nos habitudes, quand on vivait ensemble au Japon ». Les cris de détresse en pleine nuit ? « On n'a rien entendu, on a bien dormi, l'un contre l'autre. »

Nicolas se laisse bercer par sa fable et s'attendrit lui-même au moment de détailler sa nouvelle version des retrouvailles avec sa « Naruchan », quelques heures avant la fatidique nuit des cris. Une romance. De la tendresse, de la joie, des larmes de bonheur. L'histoire telle qu'il aurait rêvé qu'elle soit ?

Les nombreux éléments à charge de l'enquête sont balayés d'un revers de main ou ensevelis sous une montagne d'incohérences. La vidéo d'ultimatum adressée à Narumi ? « Une sorte de journal intime. » L'achat du bidon de cinq litres de produits inflammables ? « Pour le vider et le remplir d'essence », en cas de panne sèche en voiture. Et les allumettes ? « Un achat impulsif », pour décorer sa cuisine, « Je sais que c'est un réflexe débile », ajoute-t-il. Son détour au sud de Dole quatre jours avant la disparition de Narumi, assimilé par la police à des repérages ? Zepeda voulait « profiter des lumières de Noël des petits villages »… Sa toute première version écrite, entachée d'erreurs, remise à la police chilienne fin décembre 2016 ? « Dans mon esprit, le plus important était de dire que j'étais disponible. Je n'ai pas réfléchi, je sais qu'aujourd'hui je le ferais mieux… Je le paie cher. »

La stricte réalité se déforme, se cloque et part en cendres, telle une boule de papier dévorée par le feu. Elle n'a plus d'importance. Nicolas Zepeda vit dans le rêve qu'il s'est reconstruit a posteriori, et qui le préserve de tout. Lors de ce second procès, son château de cartes s'effondre de toutes parts, mais peu importe. Zepeda continue de jouer au prince charmant face au jury, insensible à la défiance ambiante.

6 décembre 2016, 4 heures du matin. D'après le procureur Manteaux, la chambre 106 renferme le corps de Narumi. Le Sud-Américain, à la barre, s'épanouit plutôt dans un monde parallèle, dans lequel sa compagne respire encore. Après une trentaine d'heures d'idylle à huis clos, il s'agirait plutôt de Narumi qui, « agitée », ferait « les cent pas ». Pas de lui, non. Surtout pas.

Le beau rôle revient à ce bon Nicolas. « J'ai le sentiment que je dois m'en aller, que cela va faire du bien à Narumi que je parte, que ça l'aidera à retrouver son calme. » Même si la Japonaise anticipe son départ avec tristesse, relate-t-il, le Chilien se force à quitter les lieux de son plein gré. Courageux Nicolas. Compréhensif Nicolas. Irréprochable Nicolas.

« J'étais tiraillé entre les sentiments et la raison, mais je pense avoir pris la décision la plus raisonnée », se félicite-t-il encore. Dans les jours qui suivront, jamais Zepeda ne tentera de contacter Narumi, une attitude éminemment suspecte selon l'accusation. Lui écrire « n'aurait pas aidé, rétorque le jeune homme, cela aurait provoqué de sa part une demande pour que je revienne ». Forcément. Car Narumi ne peut pas se passer de lui, qui est si irrésistible. En réalité – ou en tout cas dans sa réalité – son silence était un sacrifice.

Jusqu'au bout, vraiment, Nicolas Zepeda a été admirable.

60

« La cour d'assises, c'est cette confrontation des souffrances et des douleurs. Chacun à son niveau, chacun la sienne. Elles sont de natures différentes, mais elles sont terribles… » Côté défense, maître Sylvain Cormier l'a bien résumé : le procès en appel de Nicolas Zepeda n'épargne personne.

La tension générée par les débats est plus exacerbée, plus frontale encore qu'en première instance. Plus de deux mille cinq cents jours après les cris nocturnes, la situation reste figée, comme prise dans les glaces. Narumi introuvable, Nicolas campé sur ses positions… C'est l'échec. Une forme de rancœur collective grignote l'auditoire. Les joutes verbales sont alourdies d'impatiences, d'exaspérations et parfois de provocations réciproques. En soufflant le chaud puis le froid, Nicolas Zepeda joue avec les nerfs de la cour.

Alors les étincelles fusent.

Un soir, sans crier gare, le Chilien est cueilli par une soudaine crise de sanglots. Avachi sur sa rambarde, visage enfoui dans ses mains, Zepeda craque sans retenue alors que sont évoquées ses conditions d'incarcération. Lorsqu'il était encore à Besançon, un surveillant pénitentiaire lui aurait, dit-il, asséné un coup dans le ventre.

Immobile sur son siège, telle une statue romaine, sa mère déchire l'épais silence de la salle d'assises : « Où sont les droits de l'homme ? Ils ont traité mon fils comme un chien ! » s'écriet-elle en espagnol, sans que personne lui réponde. Un ange passe. L'accusé reste une longue minute en pleurs, debout, avant que son avocat l'invite finalement à se rasseoir. Humberto Zepeda, lui, se lève, sans un mot, ses bras théâtralement tendus vers son fils. Comme pour prendre à témoin le jury et, au-delà, toute la justice française.

L'audience est brièvement suspendue dans la confusion, mais dès la reprise l'avocat général Étienne Manteaux contre-attaque : « Pour Mme Zepeda, qui nous fait des cours sur les droits de l'homme… Le premier droit, c'est le droit à la vie ! » Humberto Zepeda voit rouge et s'autorise un geste d'humeur, en pointant fermement son index sur le procureur. Une menace muette, mais sans équivoque. Étienne Manteaux s'en insurge, tout en foudroyant les parents Zepeda du regard. La passe d'armes est surréaliste.

L'avocat général jette, durant ce procès, toute sa détermination dans la bataille. Son interrogatoire se transforme en chantier de démolition. Couler cet insubmersible accusé est un défi perdu d'avance, ainsi soit-il : l'objectif du ministère public est maintenant de démonter l'argumentaire de la défense point par point, pièce par pièce, jusqu'à n'en laisser qu'une ruine. Les répliques de Zepeda se raccourcissent, « Oui », « Non », « Je ne me rappelle plus », « Je ne sais pas »…

« Vous avez la capacité de dire tout et son contraire tout le temps, l'étrille le procureur Manteaux quand le Chilien s'emmêle les pinceaux, avant de lui rappeler ses propres déclarations formulées en début de procès : Vous avez dit "Je réclame la vérité"… Si c'est vous qui avez tué Narumi, on fait comment ? »

Pour une fois, la question de l'avocat général n'appelait aucune réponse.

Maître Renaud Portejoie prend le relais pour tenter d'extirper son client de la nasse. « Vous êtes difficile à suivre, Nicolas… »

L'intéressé a déjà retrouvé son calme. Nicolas Zepeda sourit faiblement : « Vous n'êtes pas le premier à me le dire. »

Sa sérénité de façade ne cesse de déconcerter l'auditoire. Aucune trace de l'indignation d'un homme accusé à tort, ce qui n'arrange pas sa défense. Maître Portejoie le provoque sciemment. « On ne pense qu'à Zepeda, on ne regarde pas ailleurs, ça me rend fou ! » s'emporte enfin le Chilien, en parlant de lui à la troisième personne. « On ne peut pas savoir ce qui s'est passé », répète-t-il comme un mantra. Nicolas ferait plutôt tout pour que la cour ne le puisse pas, dénoncent ses détracteurs. Le voilà soudain qui pleure encore, qui crie, regard rivé dans celui de son avocat : « Je ne l'ai pas tuée ! » Son visage s'affaisse, se froisse, s'empourpre. Il tourne en boucle : « Je ne l'ai pas tuée… Je n'ai pas tué Narumi ! »

Maître Portejoie saisit la solennité de l'instant : « Je frémis à l'idée que je resterai le dernier à poser cette question : est-ce que Narumi est morte ? » Son client le regarde, toujours implorant. « Je ne sais pas. » Un soupir. Le Chilien a cessé de pleurer. Ultime tentative osée par son avocat : « Vous avez tellement aimé Narumi. Si vous avez la moindre responsabilité dans sa disparition… »

Zepeda le coupe : « Non, maître, je l'ai laissée dans sa chambre, elle était bien… Elle était bien. »

61

Ce lundi 11 décembre 2023, Nicolas Zepeda fête ses 33 ans, l'âge du Christ. Puisera-t-il dans son éducation catholique la force de laver sa conscience, alors que ce second procès vire à la crucifixion judiciaire ? Peu y croient encore.

Cet étrange jour d'anniversaire s'écoule sans miracle, et la nuit est déjà tombée sur Vesoul quand Nicolas Zepeda, fatigué, se laisse aller à une confidence : « J'aimerais bien avoir ma mère dans les bras »… À cinq mètres de là, une autre mère va perdre pied. « Et ma fille ? » répète Taeko Kurosaki, d'abord pour elle-même, dans un murmure, puis de plus en plus fort.

Maître Portejoie éprouve dans le même temps la solidité de son client. « Je m'interdis de laisser partir les jurés dans ces conditions », prévient l'avocat à la suite des témoignages, accablants pour Zepeda, de deux anciennes amies qui estiment avoir été manipulées. Toutes deux l'accusent de ces troublantes demandes de traductions en japonais, que Nicolas aurait utilisées pour dissimuler la mort de Narumi. « J'aimerais faire de mon mieux pour trouver des explications », s'enferre le Chilien en se concentrant sur maître Portejoie, comme si les lamentations de Taeko Kurosaki, qui redoublent de puissance, n'existaient pas.

Toute l'attention de la cour est happée par cette femme en perdition, qui semble manquer d'air, écrasée par l'indignation et le chagrin. Le tableau, saisissant de contrastes, illustre toute la cruauté de l'affaire Narumi. D'un côté, Nicolas Zepeda réfugié dans sa bulle, focalisé sur lui-même, imperméable à toute détresse autre que la sienne. De l'autre, Taeko Kurosaki en pleine implosion, qui finit par s'affaisser sur elle-même et glisser vers le sol.

Avec un brin de panique dans la voix, maître Galley met fin au calvaire : « Monsieur le président, Mme Kurosaki fait un malaise ! » La séance est suspendue et la salle évacuée, alors qu'une équipe médicale se précipite à son chevet…

Si un procès appartient à l'accusé, cette nouvelle scène marquante replace la cour d'assises face à ses responsabilités : sa mission est aussi de rendre justice à Narumi, en favorisant la manifestation de la vérité. Deux jours durant à la barre, son petit ami Arthur, ses deux sœurs Kurumi et Honami, puis sa mère Taeko ont rappelé cette exigence aux jurés, avec une éloquence souvent poignante. Dignité, pudeur, douleur, colère, rancœur, les émotions ont afflué et parfois débordé.

Les sœurs de Narumi ont partagé le souvenir de leur « soleil », cette aînée adorée et admirée, figure idéalisée devenue aujourd'hui obsédante. La disparition définitive de Narumi entraîne les Kurosaki vers le fond, mais, paradoxalement, ce combat contre l'oubli les garde aussi en mouvement, unies dans l'adversité. Vivre pour honorer une défunte. Leur avenir prend des allures de malédiction.

« J'aurais dû mourir à sa place, ça aurait été mieux pour ma famille », se persuade la cadette Kurumi, arrachant des larmes de compassion au public.

Sa sœur Honami raconte la même histoire. Ce quotidien fracassé par l'annonce de la disparition. L'insupportable pression médiatique. Les tentations suicidaires de leur mère. Cette nécessité de croire Narumi en vie. « On a perdu dix kilos en un mois. Certains jours, il était même difficile de boire un verre d'eau. »

Par saccades, la voix gorgée de tristesse de Honami se déverse dans le micro. « Avec le temps, j'ai tellement peur que mes souvenirs de Narumi s'effacent. Il faudrait que je meure avant que cela n'arrive », sanglote-t-elle sans un regard pour Zepeda, qu'elle côtoyait régulièrement en 2016, lorsqu'il vivait avec sa sœur au Japon. Comme sa sœur et sa mère, Honami lui voue une haine absolue. « Quand il veut quelque chose, il ne renonce jamais jusqu'à ce qu'il l'obtienne », prévient-elle.

Sur sa chaise, placide, l'accusé ne laisse rien transparaître.

« Nicolas Zepeda a indirectement assassiné toute la famille », prolonge Taeko Kurosaki. La mère de Narumi s'est attachée, comme au premier procès, à transformer la salle d'assises en temple dévolu à la mémoire de sa fille vénérée. « Détruite psychologiquement et physiquement », Taeko dévoile sans retenue son « âme meurtrie » six heures durant. Un témoignage-supplice.

Implacablement, son imaginaire s'infiltre à nouveau dans cette chambre 106 : « Pendant son agonie, Narumi a dû m'appeler en répétant "Maman, au secours", mais je ne l'ai pas entendue. Et je n'ai pas pu la sauver. » Depuis, cette femme ne parvient plus à se sauver elle-même.

De ce brouillard de souffrance jaillissent des éclairs de lucidité. « Le monde entier regarde l'affaire Narumi », clame encore Taeko Kurosaki. « Le fait de tuer et de continuer à mentir a un prix », dit-elle aussi, réclamant un jugement « à valeur d'exemple » pour prévenir d'autres crimes.

Les dernières paroles de Taeko Kurosaki, implorantes, seront pour Narumi : « Son corps est quelque part en France, dans votre pays. S'il vous plaît, n'oubliez pas qu'il y a une Japonaise perdue sur votre sol… N'oubliez pas cette fille au visage solaire… » Le portrait de son enfant est comme greffé à sa peau « trois cent soixante-cinq jours par an, vingt-quatre heures sur vingt-quatre ». Comme en première instance, cette émouvante photo est déposée sur le pupitre. La disparue sourit aux jurés.

« Narumi est aussi quelque part dans cette salle, prévient sa mère, et elle écoutera attentivement tout ce qui se dira. »

62

Au-dessus du gouffre ouvert par l'absence de Narumi ne flotte qu'un visage, dessiné avec netteté par l'enquête de police et ces deux procès. Nicolas Zepeda est accusé d'avoir tué et menti, sans jamais révéler la localisation du corps de sa victime. Mais, sept ans plus tard, une autre incertitude persiste : l'ex-compagnon de Narumi, s'il était coupable, avait-il vraiment prévu son crime ?

Deux théories s'affrontent à ce propos sans que l'une n'écrase l'autre. Elles s'adossent chacune à deux portraits différents de l'accusé : Zepeda le froid calculateur, qui exécuterait celle qui ose le rejeter, contre Zepeda l'amant éconduit, qui céderait à une pulsion de rage incontrôlée. Zepeda l'assassin ou Zepeda le meurtrier.

Les interprétations s'accumulent, très divergentes. Se forger un avis définitif reste délicat.

Face à la cour d'assises du Doubs en 2022, lors du premier procès, maître Jacqueline Laffont n'avait pas aveuglément soutenu son client, mais avait gardé un cap clair : « S'il y a une chose que je peux soutenir avec force, c'est que je ne crois pas à la préméditation. »

« Oui, il a été jaloux et possessif, admettait la pénaliste, oui, il est venu dans l'espoir honteux de la revoir, oui, il a attendu cette rencontre, oui, peut-être est-il celui qui guette au pied de son immeuble dans l'espoir fou de l'apercevoir… Mais rien, dans ce dossier, ne permet de retenir un projet meurtrier planifié. » Maître Laffont contestait toute « démonstration d'une dissimulation ». Pire, selon elle : « Nicolas Zepeda a laissé des petits cailloux partout où il passait ! »

Un an et demi plus tard à Vesoul, ses confrères maître Cormier et maître Portejoie vont encore plus loin.

« On le décrit comme un être maléfique, machiavélique. L'assassin Zepeda qui prémédite son crime, mais qui paie avec sa carte bleue et laisse un commentaire sur Booking ? C'est ridicule. Si vous voulez rester anonyme, vous prenez un hôtel miteux à Besançon et vous payez en liquide ! » s'emporte maître Cormier, non sans une certaine logique, en évoquant les passages de son client à l'hôtel.

« On ne prémédite pas d'assassiner à mains nues sa petite amie dans une résidence universitaire ! » appuie maître Portejoie. Difficile là encore de lui donner tort, quand on sait que le Sud-Américain aurait pu s'arrêter n'importe où entre Ornans et Besançon, le soir des retrouvailles, à l'abri des regards et des oreilles indiscrètes ? Sur sa lancée, le pénaliste propose même une version alternative à la mise à mort planifiée de Narumi : « Et s'il y a une dispute, que la tête tape ? Si ce ne sont pas des cris de peur mais de douleur ? Si le choc a été contre le radiateur ? Narumi hurle parce qu'elle s'est fracassé le crâne, ce qui ne génère pas forcément de plaie… »

Autre possibilité, toujours aussi théorique, Nicolas Zepeda aurait étranglé l'étudiante parce qu'il n'aurait pas supporté qu'elle repousse ses avances, qu'elle le rejette, qu'elle le renie. Le sujet éminemment sensible de la grossesse de Narumi aurait-il refait brutalement surface, générant un pic maximal de tension ? Défié, dépassé, démuni, Nicolas voulait la faire taire. Lui couper la parole. Lui couper la respiration. Il perd alors pied, perd le contrôle, perd tout.

L'ensemble des observateurs de ce dossier s'accordent sur un point essentiel : initialement, Nicolas Zepeda s'envole en Europe non pas pour tuer Narumi Kurosaki, mais pour la reconquérir… Une évidence qui, a priori, ne plaide pas en faveur d'un acte prémédité.

Le séjour du Chilien a en revanche tout d'une mission commando, placée sous le sceau du secret. Nicolas vient à Besançon sans l'assumer. Sans en parler. Sans se dévoiler. Son arrivée n'est pas enregistrée en France, puisqu'il atterrit à Genève. Une fois la frontière franchie, Zepeda éteint son téléphone chilien, ce qui empêche tout traçage. Il ne loue pas sa voiture dans le Doubs mais à Dijon. Ne réserve pas d'hôtel à Besançon mais à Ornans, à vingt-cinq kilomètres de là. Nicolas Zepeda veut naviguer sous les radars. Rester invisible.

« Il a fait beaucoup d'efforts pour dissimuler les traces de son passage à Besançon, mais il n'est pas un délinquant professionnel, ce qui explique toutes ses erreurs », nuance le procureur Étienne Manteaux. L'une d'elles ? Ne pas avoir imaginé qu'un tracker inséré dans son véhicule puisse révéler son parcours à la police.

Si l'on rembobine la pellicule, le premier domino qui fera tomber tous les autres reste la géolocalisation du téléphone de Narumi… Sans ces données, jamais les enquêteurs n'auraient découvert qu'elle avait partagé un ultime dîner avec Zepeda à Ornans. Jamais la voiture du Chilien n'aurait été identifiée. Jamais son itinéraire n'aurait été reconstitué. Aucune preuve immédiate de sa venue en France, aucune prise sur ce suspect fantôme : l'impasse était totale. Lorsque l'enquête de police démarre, Zepeda est déjà à Santiago, où il fait mine de mener une vie sans accrocs, comme si son détour dans le Doubs n'avait pas existé.

Nicolas Zepeda a-t-il menti par honte ? Honte d'être réduit à épier, à l'autre bout du monde, celle qui l'a quitté ? L'espionne-t-il quatre jours durant pour trouver le courage de l'aborder ? C'est ce qu'il prétend. L'accusation réfute cette idée, persuadée que le Chilien déroulait une stratégie à tiroirs : regagner le cœur de Narumi ou le faire cesser de battre.

« Il a tout fait pour la reconquérir, c'est un échec. Son amour corrompu, possessionnel, le conduit à mettre en œuvre cette seconde option, même si ce n'était pas ce qu'il privilégiait… » retient Étienne Manteaux.

Cette thèse de préméditation repose sur deux piliers plutôt solides. Le premier : les achats préalables d'un bidon de liquide inflammable, de boîtes d'allumettes et d'un pulvérisateur de détergent. Le second : les repérages d'une zone reculée au sud de Dole – où Nicolas se serait débarrassé du cadavre – puis du campus où logeait Narumi. Cette dernière précaution aurait permis à Zepeda de préparer une ligne de fuite, par l'arrière du bâtiment, hors du champ de la vidéosurveillance. « Tout était prêt pour la tuer si elle se refusait à lui », pense le procureur.

Une préméditation sous condition ? Un plan A à l'eau de rose, un plan B de sang-froid ? L'amour ou la mort. Blanc ou noir. Une approche sidérante, qui implique une maîtrise psychologique absolue.

Soucieux d'étayer cette vision, les juristes de la cour d'appel de Besançon ont recherché dans les annales judiciaires françaises une jurisprudence, une affaire semblable, un cas approchant, un exemple auquel se raccrocher, quelque chose.

Ils n'ont trouvé aucun précédent.

63

« Vous savez qu'il est coupable, vous condamnez. Vous savez qu'il est innocent, vous acquittez. Vous ne savez pas, vous acquittez. » La cour d'assises de Haute-Saône a été attentive à la conclusion de la plaidoirie de maître Cormier, avocat de la défense.

N'écoutant que leur intime conviction, les jurés « savaient » que son client était coupable. Ils l'ont condamné.

Nicolas Zepeda écope de vingt-huit années de réclusion criminelle. Même enquête, même dénégations, même sentence : le verdict de ce procès en appel est identique à celui de la première instance.

« Nicolas est un roc », avait prévenu son autre avocat maître Portejoie. Et jusqu'à ses dernières paroles d'accusé, quelques heures plus tôt, le roc chilien a résisté : « Dans ce procès, on a beaucoup parlé de ce que j'ai mal fait, ce que je n'ai pas fait, ce que je n'ai pas dit… Je suis certainement très loin d'être celui que j'aimerais être, mais je ne suis pas un assassin », a répété le jeune homme, avant de fondre une énième fois en larmes.

La veille, l'avocat général avait soutenu l'inverse. « Vous n'êtes pas un monstre, mais vous avez commis quelque chose de monstrueux », à savoir « un féminicide » nourri par « le poison de la jalousie ». La conclusion d'Étienne Manteaux était limpide : « Nicolas Zepeda a tué Narumi parce qu'elle a eu l'audace de le quitter. » Selon le magistrat, l'accusé n'a pas supporté qu'elle lui échappe, dévoré qu'il était par « son délire de posséder l'être aimé ».

« Tu es à moi pour l'éternité, tu seras toujours mon trésor », écrivait Nicolas à Narumi pour maintenir l'illusion de leur amour. Déjà, tout était dit. En la soustrayant du monde des vivants puis en dissimulant son corps, Zepeda a, selon les cours d'assises du Doubs puis de Haute-Saône, transformé sa victime en funeste trésor. Le sien, rien qu'à lui. Pour l'éternité.

Lorsque cette condamnation en appel a été annoncée, un voile de silence a enveloppé la belle salle du tribunal de Vesoul. Aucune réaction ostentatoire, aucun cri, aucun applaudissement. Dans pareille situation, il n'y a matière ni à se réjouir, ni à s'indigner. Côté défense comme côté parties civiles, les bancs sont peuplés de perdants.

Ce tableau est resté immobile, jusqu'à ce que Humberto Zepeda se lève pour s'approcher de son fils, penché sur sa chaise de telle sorte que personne ne puisse l'apercevoir. Une main paternelle est venue caresser ses cheveux bruns, un geste de réconfort machinal, dénué de paroles ou d'étreintes affectueuses. Zepeda fils, assis, n'a pas bougé. Zepeda père, debout, avait les yeux dans le vague.

Quelques minutes plus tard, sous une pluie fine et froide, Humberto Zepeda a repris sa posture martiale pour opposer un visage de fer aux journalistes massés devant le tribunal. « C'est un jour triste pour ma famille, triste pour la famille de Narumi, mais triste aussi pour la justice française. Le monde entier est témoin de la condamnation d'une personne innocente. » La France enferme Nicolas Zepeda dans une cellule de prison. Ses parents, eux, semblent l'enfermer dans une cellule morale, coupé de toutes possibilités de rédemption.

Personne, pas même les psys qui l'ont examiné, n'est capable de sonder le déni prêté par la cour à ce jeune homme. Réel, factice ? Non sans fierté, Nicolas Zepeda ne cesse de se présenter comme « pragmatique et cérébral ». Si l'on suit jusqu'au bout la logique de l'accusation, tout porte à croire qu'il a froidement calculé le peu d'intérêt comptable à avouer son crime. Sa peine de prison aurait été réduite d'une, deux, trois, cinq années ? À quoi bon ?

Parler, ce serait admettre l'assassinat avec obligation d'en livrer les indicibles secrets. Ce serait aussi remettre au monde « sa » Narumi, celle qu'il possède toujours au-delà même de sa mort, puisque lui seul sait où et comment son corps a été dissimulé. Parler, ce serait perdre ce « trésor ». Tout perdre. Tout gâcher.

Se taire, c'est à l'inverse rester innocent dans le regard de ses parents et de ses sœurs, restées loin du tumulte médiatique. Rester innocent, aussi, dans sa vie d'après, quand il sortira de prison… Car Nicolas Zepeda sortira. Une fois au Chili, il lui suffira de marcher dans les pas de son père Humberto, pour dénigrer la justice française en contestant sa probité, et ainsi se présenter en victime d'une honteuse méprise.

Se taire, c'est surtout rester innocent pour lui-même.

Face à un miroir, s'aimer encore, s'admirer. Permettre aux autres de l'aimer encore, de l'admirer.

Et garder le contrôle. Coûte que coûte.

64

Chaque 23 juillet depuis sa disparition, Narumi revit le temps d'un repas. La famille Kurosaki dresse dans son modeste logement de Tokyo un couvert supplémentaire, et sa photo trône sur la table, éclairée par quelques bougies. La mère et les sœurs de l'étudiante japonaise préparent des cadeaux. Son gâteau préféré est servi à tous, y compris dans l'assiette posée devant la chaise vide… Un anniversaire maudit, rythmé par les silences et arrosé de quelques larmes.

« Narumi Kurosaki sera à jamais synonyme d'un deuil impossible », regrettait maître Sylvie Galley dans sa plaidoirie, ponctuée par le célèbre poème du natif de Besançon, Victor Hugo, intitulé « Demain, dès l'aube… ».

Sa formule est d'une impitoyable justesse.

Au-delà de toutes considérations religieuses, le Japon est nimbé de profondes croyances spirituelles. Les rites funéraires, notamment, ont une dimension de l'ordre du sacré. Tout doit être exécuté avec précision, pour permettre au défunt de traverser le Sanzu-no-kawa, un « fleuve de la mort » infesté de serpents qui sépare le monde terrestre de l'au-delà. L'équivalent bouddhiste du Styx.

De la veillée funèbre à la crémation, les préparatifs sont minutieux, et tous essentiels aux yeux des Japonais. Un chapelet appelé « juzu » est glissé dans le cercueil de la personne décédée, dont les lèvres sont humidifiées avant son dernier voyage.

Si cet ensemble de coutumes n'est pas respecté, le défunt ne trouvera jamais la paix et ne pourra pas, non plus, veiller sur la prospérité et l'harmonie de sa famille.

Faute de corps, les proches de Narumi ne peuvent pas lui offrir de funérailles. À la douleur causée par sa perte brutale s'ajoutent la frustration et la culpabilité, immenses, de faillir à cette dernière mission… Pour sa mère, Narumi reste piégée « dans une forêt », livrée à elle-même, incapable de franchir le Sanzu-no-kawa. « Sa vie a été volée par Zepeda et son corps abandonné quelque part dans le noir, où il fait froid et humide. Je sais qu'elle pleure toute seule, accroupie dans l'obscurité », divague à la barre Taeko Kurosaki.

« Nicolas Zepeda condamne l'âme de Narumi à errer dans l'obscurité », prolonge maître Galley, et il condamne tout autant cette famille à d'infinis tourments. Taeko Kurosaki et ses deux autres filles, prisonnières de la détresse de leur mère, se retrouvent aliénées à ces cinquante kilomètres carrés délimités par la police au sud de Dole, où Zepeda se serait débarrassé du cadavre de Narumi.

Prenant acte de l'impuissance de la justice française, Taeko Kurosaki a annoncé au jury qu'elle organiserait « des recherches personnelles » à travers bois, champs et rivières pour retrouver ce corps. « Un devoir », estime-t-elle, auquel il serait impensable de se soustraire et qui la guidera « des années, voire des dizaines d'années » s'il le faut.

La famille Kurosaki est hantée par le fantôme de Narumi, et même les origamis de Kurumi n'ont pas réussi à la libérer.

Lors du premier procès, la cadette avait distribué ces jolies cocottes en papier aux gens bienveillants qui leur témoignaient, à elle et à sa mère, des marques de soutien spontanées. Un cadeau que Kurumi glissait sans un mot, mais accompagné d'un timide sourire, au creux de ces quelques mains anonymes.

Au Japon, ces pliages délicats font écho à une tradition nommée « Senbazuru ». Cette « légende des mille grues » veut que quiconque confectionnera mille origamis en forme d'oiseau verra son vœu exaucé…

Cette croyance ancestrale a été remise au goût du jour par Sadako Sasaki, enfant d'Hiroshima devenue martyre nationale. Si cette fillette a miraculeusement survécu à la bombe du 6 août 1945, les ravages des radiations l'ont rattrapée quelques années plus tard. Atteinte de leucémie, Sadako n'a eu le temps de plier que six cent quarante-quatre grues, en utilisant tout ce qu'elle avait sous la main, y compris les étiquettes de ses flacons de médicaments, avant de s'éteindre à l'âge de 12 ans… Bouleversés, ses camarades de classe de l'époque ont tenu à achever ses mille grues. Ils ont ensuite lancé une collecte d'argent pour ériger une statue à son effigie.

L'œuvre se dresse aujourd'hui encore au milieu du mémorial d'Hiroshima. Chaque année, des guirlandes d'origamis envoyées du monde entier sont disposées autour de la statue de Sadako, à la base de laquelle est gravée une inscription : *Ceci est notre cri – ceci est notre prière – pour construire la paix dans le monde.*

Kurumi aurait aimé trouver une paix intérieure, pour elle comme pour ses proches. Mille grues pour exaucer un souhait. Mille grues pour garder espoir. Mille grues pour Narumi. D'abord pour que sa sœur réapparaisse en vie, puis, une fois la réalité de sa mort acceptée, pour que son corps soit rapatrié au Japon parmi les siens. Depuis, découragée, Kurumi a abandonné. Elle a compris que, sauf miracle, Nicolas Zepeda ne révélerait rien, emmuré qu'il était dans son indestructible suffisance.

La justice est passée, mais ni l'affaire Narumi, ni le calvaire de sa famille n'ont de fin.

Précisions

Aux yeux de la justice française, la condamnation de Nicolas Zepeda n'est pas définitive. Il reste donc, à ce jour, présumé innocent.

Saisie par les avocats du Chilien, la Cour de cassation a rendu, le 26 février 2025, un arrêt qui annule le verdict prononcé le 21 décembre 2023 par la cour d'assises de Haute-Saône. La plus haute juridiction du pays a estimé que le président, François Arnaud, avait géré de manière irrégulière un incident d'audience relevé au cours du procès par la défense. Maître Cormier et maître Portejoie avaient en effet accusé un enquêteur, Christophe Touris, d'avoir procédé à des investigations hors cadre procédural pour les besoins de sa déposition devant la cour.

En conséquence, Nicolas Zepeda bénéficiera d'un troisième procès devant la cour d'assises du Rhône.

En cas de nouvelle condamnation, Zepeda serait en droit de former un second pourvoi devant la Cour de cassation de Paris. Il lui serait également possible, si ce pourvoi était rejeté, de saisir la Cour européenne des droits de l'homme.

Remerciements

Je tiens à remercier toutes celles et ceux qui m'ont accompagné dans ce projet d'écriture semé d'embûches.

Je dédie ce travail à mes grand-mères, Simone et Jocelyne, deux lectrices passionnées et deux femmes remarquables, qui m'ont tant soutenu et inspiré. Mes autres pensées vont à mes parents, à ma sœur, si attentive au fléau des féminicides, à mon frère, à Sirine pour sa grande patience, à Nadia, François, Pierre et tous mes collègues de *L'Est républicain*… Et bien sûr à ma fille d'amour, Dalia, la meilleure pour la fin.

Merci également à S., D., C., R., S., R. et « papa M » (qui se reconnaîtront peut-être), pour leur disponibilité et leur confiance. Pour le coup de pouce initial, merci à Nicolas Bastuck.

Merci enfin à Carole Collin, mon éditrice, pour avoir guidé avec tant de professionnalisme mes pas de novice.

Le temps fera son œuvre, et comme nous tous, Narumi finira par être oubliée.

Puisse ce livre retarder l'échéance.

Sources

Les informations et citations rapportées dans cet ouvrage sont issues du dossier judiciaire, d'entretiens spécifiques réalisés par l'auteur, de conférences de presse organisées par le parquet de Besançon, de divers articles de journaux, d'interviews filmées accordées aux médias et de la fidèle retranscription des audiences publiques des procès de Nicolas Zepeda.

Imprimé en France par
CPI Bussière
en mai 2025

Composition réalisée par Nord Compo à Villeneuve-d'Ascq

#lisez! engagé
www.lisez.com
Pour plus d'information :
Imprimé sur du papier issu de forêts gérées durablement.

N° d'édition : C20882/01 – N° d'impression : 2084763